J. M. Loughridge

June 20th, 1969

CLARENDON GERMAN SERIES

General Editor: P. F. GANZ

HÖLDERLIN

DER TOD DES EMPEDOKLES

CLARENDON GERMAN SERIES

Under the general editorship of P. F. GANZ
Fellow of Hertford College
Reader in German in the University of Oxford

———

Other volumes in preparation

FRIEDRICH HÖLDERLIN

DER TOD DES EMPEDOKLES

EDITED BY
M. B. BENN

OXFORD UNIVERSITY PRESS
1968

Oxford University Press, Ely House, London W.1

GLASGOW NEW YORK TORONTO MELBOURNE WELLINGTON
CAPE TOWN SALISBURY IBADAN NAIROBI LUSAKA ADDIS ABABA
BOMBAY CALCUTTA MADRAS KARACHI LAHORE DACCA
KUALA LUMPUR HONG KONG TOKYO

PRINTED IN GREAT BRITAIN
BY BUTLER AND TANNER LTD
FROME AND LONDON

CONTENTS

Frontispiece: Hölderlin in 1792. After the pastel by F. K. Hiemer, now in the Schiller Museum, Marbach

The photograph of Mount Etna opposite page 90 is reproduced by permission of the author and publisher from *Sizilien*, by Heinrich M. Schwarz, Verlag Anton Schroll & Co., Vienna and Munich.

INTRODUCTION

Der Tod des Empedokles is of central importance in Hölderlin's career. It is a product of his best period—when his poetic powers had reached full maturity yet were still unimpaired by his later illness. And he was determined to make it his masterpiece. He devoted to it all his time and resources for a whole year. He strove to embody in it his deepest thoughts, his finest poetry, his utmost artistic skill.

The result is a work which, incomplete as it is, deserves to rank with the great achievements of modern drama. It is perhaps the only German play that can rival the classical dramas of Goethe both for purity of versification and for depth of thought. The problems it deals with remain vitally important in the twentieth century. It offers the most complete statement of Hölderlin's ideas in the period after *Hyperion*, and consequently the best preparation for the study of his late elegies and hymns.

The comparative neglect of such a valuable work may have been due to the distraction of the attention of readers by the three different versions of the play. It has been treated as an attractive field for research, an inviting occasion for the exercise of scholarship, rather than as a great drama whose poetic message is addressed to all mankind. In the present edition we are concerned mainly with the First Version, a work of nearly 2000 lines, which there is good reason to believe wants only one more act to be complete.[1] The Second and Third Versions are also deeply

[1] The evidence for this view is set forth in my article on 'The Dramatic

interesting, both for the splendid poetry they contain and
for the light they throw on Hölderlin's later development.
They are therefore included in Appendices A and B. But
only the First Version is sufficiently sustained to be dramatically effective; only the First Version can be successfully
performed on the stage.[1] Hence the prominence that must
be accorded to this version in an edition that seeks to
illustrate the dramatic as well as the poetic qualities of the
play.

Hölderlin's Earlier Work

Hölderlin's poetry is now appreciated almost as much
in England and France as in Germany; it belongs to world
literature, not only to German literature. Yet this poetry,
classical as it is and universal in its appeal, never disowns
its Swabian origin. It retains to the end occasional traces
of Swabian dialect, and in its tone and atmosphere it is
often reminiscent of the Swabian Pietism in which Hölderlin had been brought up, both at home in Nürtingen and
in the theological schools of Denkendorf and Maulbronn.
Philipp Jacob Spener, whose programmatic *Pia Desideria*
appeared in 1675, is generally regarded as the 'father' of
Pietism. In Swabia it was most prominently represented
by Johann Albrecht Bengel, for many years Praeceptor at
Denkendorf, and by Friedrich Christoph Oetinger. An
emotional and often mystical form of Protestantism,
opposed to dogmatism and placing the greatest emphasis
on personal religious experience, Pietism was one of the
prime sources of the peculiar sentimentality, the 'Empfind-

Structure of Hölderlin's *Empedokles*', *The Modern Language Review*, vol. 62
no. 1, January 1967. *Se. (thid ed., pp 187, 206*
[1] Performances of the play have always been based, substantially or
exclusively, on the First Version. In some productions isolated scenes from
the later versions have been included. See R. Rüppel's study of the theatrical
history of *Der Tod des Empedokles*, Select Bibliography (D).

samkeit', of eighteenth-century Germany. It had a considerable influence on most of the great writers of that period, not least on Klopstock, and it was Klopstock that Hölderlin chose as a model for his first essays in poetry. These are for the most part unrhymed verses in the classical metres which Klopstock had popularized in his Odes, and they have much of the religious fervour which animated Klopstock's *Frühlingsfeier* and his great epic *Der Messias*.

In this early period Hölderlin was already an enthusiastic student of Greek literature—in Maulbronn he made a prose-translation of the first two books of the *Iliad* (omitting the catalogue of ships)—and his enthusiasm for the classics no doubt helped to free him from the narrowness of Swabian provincialism. In Tübingen he made contact with the main stream of European thought, and henceforth, if he was still influenced by the atmosphere of his childhood, he was no longer dominated by it. He now threw himself into the study of Kant's philosophy, he read Spinoza and Rousseau, he made friends with Hegel and Schelling. Not long after, in Jena and Weimar, he was able to attend the lectures of Fichte, he was accepted as the friend and protégé of Schiller, he made the personal acquaintance of Goethe and Herder. And in all these years he and his friends—not only Hegel and Schelling but his older and more intimate friends Neuffer and Magenau— were kept in a state of excitement by the events of the French Revolution and their possible impact on Germany.

It will be remembered with what enthusiasm Wordsworth, who was born in the same year as Hölderlin, greeted the outbreak of the French Revolution, even in the comparative freedom of England—'Bliss was it in that dawn to be alive'! How much more intense must have been the feelings of Hölderlin and his friends in a country where there was no freedom at all! The political condition of Württemberg in the late eighteenth century is well illustrated by the fate of the poet Schubart, whose expression of liberal opinions in the periodical *Deutsche Chronik* cost him ten years' imprisonment in the fortress of Hohenasperg. Schiller and Hölderlin's friend Stäudlin escaped a similar fate only by flight. No wonder if—as an old tradition has it—Hölderlin and his friends celebrated the fall of the Bastille by erecting a 'Freedom Tree' on the market-place and dancing round it! No wonder if they formed a political club, delivered fiery revolutionary speeches and joined fervently in singing the Marseillaise! Hölderlin's devotion to the cause of the Revolution was deep and enduring. True, he was no Jacobin. He approved of the assassination of Marat, of the execution of Robespierre. But he urged his sister to pray for the French, 'die Verfechter der menschlichen Rechte' (StA 6, 77); he applauded 'die Riesenschritte der Republikaner' (StA 6, 215); he was furious with Goethe and Schiller for siding with tyrants and priests:

Tief im Herzen haß ich den Troß der Despoten und Pfaffen,
  Aber noch mehr das Genie, macht es gemein sich damit.[1]

The rich intellectual experiences of Hölderlin's Tübingen years found expression in a kind of poetry that was very different in form and style from his earlier work. It was no longer Klopstock who had the strongest influence on him, but Schiller—not yet, in this period, the mature and rather conservative Schiller of the classical plays, but the fiery young author of *Die Räuber*, *Kabale und Liebe*, *Don Carlos*. Instead of short unrhymed poems in metres borrowed from classical antiquity, Hölderlin now wrote

---

[1] Cf. Geneviève Bianquis, 'Hölderlin et la révolution française', *Études Germaniques*, 1952, pp. 105–16.

lengthy rhymed hymns in the manner of Schiller's *Die Götter Griechenlands* or *Das Ideal und das Leben*. But the work which chiefly occupied him in this period was the novel *Hyperion*, the first conception of which seems to have come to him in the summer of 1792. Numerous versions of this novel were attempted, reflecting the intellectual development and increasing artistic maturity of the writer, before the first volume could be published in the spring of 1797 (the second appeared in the autumn of 1799). It was to Susette Gontard that Hölderlin owed his successful completion of the work. Before his meeting with her—towards the end of 1795—he had found it impossible to get beyond the stage of preliminary experimentation. It was only after he knew her that everything began to fall into place and he could cofidently give the novel its final form. Evidently something had been lacking before: he had not yet experienced the realization of his ideal, and had gradually been losing faith in the possibility of its realization. It was this faith that Susette restored to him by her mere presence, her mere existence. Their love for each other was the greatest event of their lives. Hölderlin described it as a 'triumph', as an experience almost unrivalled in its perfection: 'man könnte wohl die Welt durchwandern und fände es schwerlich wieder so' (StA 6, 337). It not only gave him the only great happiness that he was to know in his short life (for the long period of his later insanity cannot count as life); it also gave him the courage to be himself, to practise his art in accordance with his own feeling and insight. Susette Gontard is the heroine of *Hyperion*, where she appears under the name of Diotima—the name which in Plato's *Symposium* is borne by Socrates' wise instructress in the philosophy of love. It was not without reason that in the copy of the second volume which he presented to Susette, Hölderlin inscribed the words:'Wem sonst als Dir?'

Hyperion is much too great and complex a work for
cursory discussion, but there are two aspects of it which
may be mentioned as particularly relevant to our study
of *Empedokles*. Firstly, as compared with the early poetry,
there is the profound change which it reveals in Hölderlin's
religion. The religion of *Hyperion* is no longer the compara-
tively orthodox Christianity of Hölderlin's youth—the
pietistic adoration of an extramundane God. That is a
conception of God which Hyperion feels he has outgrown:

O du, zu dem ich rief, als wärst du über den Sternen, den ich
Schöpfer des Himmels nannte und der Erde, freundlich Idol
meiner Kindheit, du wirst nicht zürnen, daß ich deiner
vergaß! — Warum ist die Welt nicht dürftig genug, um außer
ihr noch Einen zu suchen? — O wenn sie eines Vaters
Tochter ist, die herrliche Natur, ist das Herz der Tochter
nicht sein Herz? Ihr Innerstes, ists nicht Er? Aber hab ichs
denn? kenn ich es denn? (StA 3, 11 f.)[1]

So the God of Hyperion is an immanent God; He is to be
sought *in*, not above, nature; indeed He is identical with
the inmost reality of nature. Thus the orthodox Christian
conception of God, to which Hölderlin's early poetry
adheres, is replaced in *Hyperion* by a form of pantheism.

Secondly, we must notice Hyperion's ideal of beauty:

Das große Wort, das ἕν διαφερον ἑαυτῷ (das Eine in sich selber
unterschiedne) des Heraklit, das konnte nur ein Grieche finden,
denn es ist das Wesen der Schönheit, und ehe das gefunden
war, gabs keine Philosophie. (StA 3, 81)

---

[1] Hölderlin reveals his awareness of the unorthodoxy of these sentiments
by nervously warning the reader, in a footnote, that they are to be regarded
'als bloße Phänomene des menschlichen Gemüts'. But there can be little
doubt that they correspond to the views which he shared with Susette.
In a letter to Hölderlin of the 12 March 1799 Susette similarly contrasts
his and her religion with the 'childlike' religion of the mass of mankind.

The principle of *unity in diversity* is henceforth fundamental both to Hölderlin's aesthetic theory and to his poetic practice. Heraclitus' formulation of the principle was known to him through Plato's *Symposium* (187 A).

The renewed strength and confidence which Hölderlin owed to Susette Gontard is most clearly to be felt in the poetry of this period. It was only in Frankfort, in the company of Susette, that he at last succeeded in developing his own individual style and tone—in finding exactly the right form for his lyrical inspiration. He now abandoned the long rhymed hymns in Schiller's manner and reverted to the classical metres of Klopstock and his own early poetry. This was evidently the form that was most truly congenial to him, and his attempt to imitate Schiller must have seemed to him in retrospect a huge—though not necessarily unprofitable—aberration. Concentrating on very short poems of consummate artistry, Hölderlin proceeded to produce a series of lyrical masterpieces which brought the ode to the highest pitch of perfection that it has ever attained in German literature.

It may seem strange that, at this stage of his development, when his novel was all but completed and his progress in lyric poetry so impressive, Hölderlin should have thought of writing a tragedy. But he had long cherished this idea. As early as October 1794 he had mentioned in a letter to Neuffer the plan of a tragedy on the death of Socrates. He was convinced that tragedy is the grandest of all possible forms of poetry.[1] It is understandable, therefore, that as his work on *Hyperion* drew to a close and he became conscious of the maturing of his powers, he should have been seized by the ambition to write a work in that greatest of all forms—a work that would finally establish his reputation as a poet. But now

[1] Cf. the passage from his letter of the 3 July 1799, quoted below, p. 42.

it was no longer the death of Socrates that was to be his subject—it was the death of Empedocles.[1]

The Genesis of 'Der Tod des Empedokles'

In a letter to his brother of August or September 1797 Hölderlin wrote (StA 6, 247):

Ich habe den ganz detaillierten Plan zu einem Trauerspiele gemacht, dessen Stoff mich hinreißt.

This can safely be taken to refer to the first plan for his *Empedokles*, the so-called 'Frankfort Plan'. The most important feature of the Frankfort Plan is its characterization of Empedokles, for this reveals the aspect of the subject which first attracted Hölderlin and continued to interest him throughout his later work on the play. Empedokles is described as a man who is compelled by his character and philosophy to detest modern culture; who is a mortal enemy of the specialization, the one-sidedness, the fragmentation of experience which is incidental to advanced civilizations; and who remains restless and dissatisfied even in very beautiful circumstances just because they are *particular* circumstances and he longs to embrace the *whole* of life. This he cannot do because, like all human beings, he is subject to 'the law of succession'.[2] As human beings

---

[1] If one asks what could have attracted him to the former subject a clue may perhaps be found in the passage of Plato's *Apologia* (24 B) where Socrates is said to have been accused, among other things, of 'not believing in the gods the State believes in, but in new and different ones'. Thus Hölderlin could have represented Socrates as a martyr to a new conception of religion, just as he was later to represent Empedocles.—The tradition that Hölderlin also contemplated, or actually wrote, a tragedy about the Spartan king Agis appears to be without foundation (cf. StA 4, 320 ff.).

For the purposes of this edition 'Empedocles' refers to the historical Empedocles, 'Empedokles' to the hero of Hölderlin's play.

[2] 'Empedokles, durch sein Gemüt und seine Philosophie schon längst zu Kulturhaß gestimmt, zu Verachtung alles sehr bestimmten Geschäftes, alles nach verschiedenen Gegenständen gerichteten Interesses, ein Todfeind

we are separated from the ultimate reality by the forms
and modes which our minds impose on our experience.
'The thing in itself', as Kant would say, appears to us in
the forms of time and space. Eternal reality is broken up
into the *successive* states of our temporal existence. A somewhat similar view of time and eternity is expressed by
Plato in the *Timaeus* (37 f.), a dialogue which Hölderlin is
known to have read. There time is declared to be merely
the moving image of eternity, which is itself immobile,
indivisible, immutable. Whether interpreted in Kantian
or Platonic terms, to be subject to 'the law of succession'
means that in this earthly life one remains the slave of time
and can never penetrate to the timeless reality beyond.
Or as Shelley expresses it in the famous image of his
Adonais:

> Life, like a dome of many-coloured glass,
> Stains the white radiance of Eternity,
> Until Death tramples it to fragments.

By throwing himself into the crater of Mount Etna
Empedokles hopes to escape from 'the law of succession'
and reunite himself with nature—'durch freiwilligen Tod
sich mit der unendlichen Natur zu vereinen'. He hopes to
find in death the 'life of life', in the darkness of extinction
the 'radiance of eternity'.

---

aller einseitigen Existenz, und deswegen auch in wirklich schönen Verhält-
nissen unbefriedigt, unstet, leidend, bloß weil sie besondere Verhältnisse
sind und, nur im großen Akkord mit allem Lebendigen empfunden, ganz
ihn erfüllen, bloß weil er nicht mit allgegenwärtigem Herzen innig, wie ein
Gott, und frei und ausgebreitet, wie ein Gott, in ihnen leben und lieben
kann, bloß weil er, sobald sein Herz und sein Gedanke das Vorhandene
umfaßt, ans Gesetz der Sukzession gebunden ist . . .' (StA 4, 145)—In the
expression *Kulturhaß* we may recognize the influence of Rousseau's doctrine
that modern civilization is a corruption of the state of nature. But Hölderlin
is also influenced by Schiller's Letters *Über die ästhetische Erziehung des
Menschen* (especially the 6th Letter), and, above all, by the bias of his own
inclinations.

The death of Empedokles is similarly conceived in the
second volume of Hölderlin's *Hyperion*[1] and in the ode
'Empedokles', the first draft of which probably dates from
about the same time as the Frankfort Plan:

> Das Leben suchst du, suchst, und es quillt und glänzt
>   Ein göttlich Feuer tief aus der Erde dir,
>   Und du in schauderndem Verlangen
>   Wirfst dich hinab in des Aetna Flammen.
>
> So schmelzt' im Weine Perlen der Übermut
>   Der Königin; und mochte sie doch! hättst du
>   Nur deinen Reichtum nicht, o Dichter,
>   Hin in den gärenden Kelch geopfert!
>
> Doch heilig bist du mir, wie der Erde Macht,
>   Die dich hinwegnahm, kühner Getöteter!
>   Und folgen möcht ich in die Tiefe,
>   Hielte die Liebe mich nicht, dem Helden.

In this impulse to abandon himself to the divine fire, to
let himself be entirely consumed by 'the flames of God',
there may be—as Emil Staiger (p. 3) has suggested—
something of the passionate ardour of that eighteenth-
century Pietism in which Hölderlin's youth had been
steeped. But the impulse itself is not limited to any particular historical period. It is found at its strongest, for
example, in the ancient Thracian worshippers of Dionysus,
who, in their rapturous communion with the god, felt
their souls liberated from the prison of the body, released

---

[1] 'Und nun sage mir, wo ist noch eine Zuflucht?—Gestern war ich auf
dem Aetna droben. Da fiel der große Sizilianer mir ein, der einst des
Stundenzählens satt, vertraut mit der Seele der Welt, in seiner kühnen
Lebenslust sich da hinabwarf in die herrlichen Flammen, denn der kalte
Dichter hätte müssen am Feuer sich wärmen, sagt' ein Spötter ihm nach.—
O wie gerne hätt ich solchen Spott auf mich geladen! aber man muß sich
höher achten, denn ich mich achte, um so ungerufen der Natur ans Herz
zu fliegen . . . ' (StA 3, 151).

from the fetters of time and space.[1] By allowing this mood of divine intoxication and ecstasy to enter so powerfully into his drama Hölderlin was introducing into German classical tragedy the Dionysian element which it lacked. He was bringing tragedy back to its Dionysian origin.

Apart from its characterization of Empedokles, the Frankfort Plan has little in common with the later versions of the play. It is the outline of a tragedy in five acts. The hero is represented as married and as the father of several children, and some quite trifling incidents are noted. For example:

Eines der Kleinen ruft vom Hause herunter: Vater! Vater! hörst du denn nicht! Drauf kömmt die Mutter herab, ihn zum Frühstück zu holen, und entspinnt sich das Gespräch.

It is domestic discord and the offensive behaviour of the Agrigentines that first impel Empedokles to leave his home and withdraw to a lonely region of Mount Etna. In the second act he is visited by his pupils, who try to persuade him to return; and in the third act his wife and children actually succeed in this object, mollifying him with the news that the citizens have erected a statue in his honour. But in the fourth act his enemies contrive to turn the people against him. His statue is overturned and he is driven out of the city. The thought of killing himself, which has long been haunting him, now hardens into a firm resolution; and after again taking leave of his wife and children he retires to Mount Etna for the second time. In the fifth act, after dismissing his favourite disciple, he throws himself into the glowing crater. Soon afterwards his disciple finds his iron shoes which have been ejected by the fiery discharge from the volcano.

This plan is obviously rather clumsy and repetitive,

[1] Cf. Edwin Rohde, *Psyche*, Part II, Chapter VIII, §§ 2, 3.

with continual changes of scene back and forth between
Agrigentum and Mount Etna. Hölderlin must have borne
it in mind throughout the latter part of 1797 and most of
1798, continually modifying and improving it. The degree
to which his highest ambitions had become centred on it
is indicated by the well-known lines of his poem *An die
Parzen* (probably written in the spring of 1798):

> Doch ist mir einst das Heilge, das am
> Herzen mir liegt, das Gedicht, gelungen,
> Willkommen dann, o Stille der Schattenwelt!

The *Gedicht* here referred to is certainly no other than
Der Tod des Empedokles, and it was in the hope of complet-
ing this work that Hölderlin implored the Fates:

> Nur *einen* Sommer gönnt, ihr Gewaltigen!
> Und einen Herbst zu reifem Gesange mir . . .

But in fact the summer and autumn of 1798 were a period
of great unrest and distress in Hölderlin's life. Torn between his love for Susette Gontard and his resentment of
the humiliations inflicted on him by other members of the
Gontard household, he was often reduced to a state of
mind in which work was impossible. At last, in September
1798, the crisis occurred which compelled him to resign
his position as tutor of Gontard's children and to withdraw from Frankfort to the small neighbouring town of
Homburg vor der Höhe. In the previous eighteen months
he had saved the sum of 500 florins, and with this money
he hoped to be able to maintain himself for a year, during
which he would devote himself entirely to the composition
of his play. On the 12 November he writes that for more
than a month he has been 'living peacefully' with his
tragedy, and on the 28 November he expresses the hope
that it will be completed in the following spring. On the
4 June 1799 he informs his friend Neuffer that it is finished

but for one act and that he proposes to publish it in the new literary journal *Iduna* which he is preparing to bring out. But in a letter of the same date addressed to his brother the passage which he quotes as a specimen of the tone and spirit of the play is chosen from the *Second* Version. We do not know exactly when this version was begun and when abandoned (only some 700 lines of it are extant, constituting the first three scenes of Act I and two scenes of a later act). We may safely assume that Hölderlin was occupied with the First Version from the beginning of his stay in Homburg until the spring of 1799. The Second Version may have been written in May and June of that year, the Third—preceded by the important theoretical study *Grund zum Empedokles*—in September or October or possibly even later. Of this final version only the first act has come down to us, and we must suppose that that is as much as Hölderlin wrote of it. But in September 1799, as he informed Susette Gontard (StA 6, 367), he was still hoping to complete it within the next three months. This is the last mention of *Empedokles* in Hölderlin's letters. The work to which he had devoted so much time and energy and attached such high hopes was set aside unfinished, unpublished, unappreciated. The first to realize its importance seems to have been Nietzsche. He described it as 'dieses so bedeutungsvolle dramatische Fragment';[1] and there is evidence of its influence on his own *Also sprach Zarathustra*.

Sources

Hölderlin's historical and legendary information about his hero was derived chiefly from the Eighth Book of the

[1] Cf. Nietzsche's 'Brief an meinen Freund, in dem ich ihm meinen Lieblingsdichter zum Lesen empfehle, 19 Okt. 1861', *Werke*, München, 1956, III 95 ff.

Lives and Opinions of Eminent Philosophers by Diogenes
Laertius (*c.* A.D. 200–250). It may be useful, therefore, to
glance at Laertius' account of Empedocles.

Empedocles, he tells us, was a member of an illustrious
family and a native of Acragas (in Latin 'Agrigentum'),
one of the greatest and most beautiful of the cities of
ancient Sicily.[1] A pupil of Pythagoras, he was expelled
from the Pythagorean community for having stolen or
published the doctrines of the Master. Empedocles was
not only a philosopher. He was also credited with the
invention of the art of rhetoric, and he was distinguished
as an athlete, a poet, a politician, a physician and a
magician. He won a horse-race at the Olympic Games;
he wrote at least two poems of considerable length, *On
Nature* and *Purifications*, as well as a *Discourse on Medicine*;
he was a champion of political equality, attacking and
defeating the oligarchy of the Thousand and himself refusing the offer of the crown; he cured a woman called
Panthea who had been given up by the other physicians;
he rid Selinus of the plague, checked the winds that were
spoiling the crops, and was said to have been seen performing feats of wizardry. For all these reasons the people were
disposed to worship him as divine, and in a fragment of
the poem *Purifications*, which Laertius quotes, Empedocles

[1] Cf. W. K. C. Guthrie, *A History of Greek Philosophy*, vol. II, Cambridge,
1965, p. 129 f.: 'Anyone who goes to Acragas, the great city that looks
down from its height on the yellow river—so Empedocles himself described
it, and Virgil's epithet *arduus* is carefully chosen—must feel pleasure that so
vivid and dramatic a character was born and lived in so appropriate a
setting. From the acropolis the ground falls steeply away, then sweeps up
again into a long ridge, itself descending on the seaward side in sheer
cliffs of considerable height yet much lower than the summit on which we
are perched. On this ridge, in full view below us, stands the magnificent line
of six great Doric temples, one of them the largest in the Greek world save
only that of Artemis at Ephesus. Religion must have played a prominent
part in the life of the Acragantines.'

in fact claims to be an immortal god. He flourished about the middle of the fifth century B.C., and, according to Aristotle, died at the age of sixty. His death is variously reported. Some say he threw himself into the crater of Mount Etna in the hope that his sudden and complete disappearance would confirm the opinion that he was a god. Others maintain that he died in exile in Peloponnese.

Laertius also gives the following brief account of Empedocles' philosophy:

His doctrines were as follows, that there are four elements, fire, water, earth and air, besides Friendship by which they are united and Strife by which they are separated. These are his words: 'Shining Zeus and life-bringing Hera, Aidoneus and Nestis, who lets flow from her tears the source of mortal life', where by Zeus he means fire, by Hera earth, by Aidoneus air, and by Nestis water. 'And their continuous change', he says, 'never ceases', as if this ordering of things were eternal. At all events he goes on: 'At one time all things are uniting in one through Love, at another each carried in a different direction through the hatred born of Strife'.[1]

Hölderlin may well have had access to other sources of information about Empedocles, and he may have known more of the surviving fragments of his poems than Laertius quotes. But we know from a letter to Sinclair of the 24 December 1798 that about the time when Hölderlin began work on the First Version he had been reading Laertius' book—probably not for the first time. Let us see how the material derived from it has been utilized in the construction of his play.

[1] Diogenes Laertius VIII 76, translated by R. D. Hicks. The three quotations from Empedocles are from the poem *On Nature* (Diels, B 6; 17, 6; 17, 7).

Outline of the Action

Act I. The technique is analytical and the early scenes
serve mainly to inform us of the events which have preceded the opening of the play. The first scene has the
character of a prologue. The time is morning, the place
Empedokles' garden. The girl Panthea has come with her
Athenian friend Delia in the hope that Delia might be
able to see Empedokles before returning to Athens. Panthea tells how Empedokles has saved her life when she was
desperately ill, and how well he has guided and served the
State; but now he has become afflicted with a terrible
grief and she fears his death may be near. At the approach
of her father, the Archon Kritias, and of the priest Hermokrates, the two most powerful enemies of Empedokles,
she hurriedly leads Delia away (Scene 1). Hermokrates
tells Kritias that Empedokles has enjoyed the favour of
the gods in an extraordinary degree and has consequently
been so carried away by overweening pride that in the
presence of the whole people he has claimed to be a god
himself. As a punishment for this supreme blasphemy he
was now afflicted with profound melancholy and spiritual
desolation, and there was a danger that he might try to
indemnify himself by establishing a tyranny. The people
were only too ready to recognize him as a god and as a
king, and now that he had withdrawn into mournful seclusion they absurdly imagined that he had soared up alive
into Olympus. Hermokrates plans to let the people see
Empedokles in his present god-forsaken condition in order
to disabuse them of their illusion, destroy their faith in
him, and secure their support in driving him into exile
(Scene 2). Appearing for the first time in the play, Empedokles delivers a great soliloquy in which he laments his
desperate situation: he who was once the favourite and the

priest of Nature is now forsaken by his gods. The inspiration that once flowed so freely is now cut off. A second Tantalus, he has deserved by his arrogance to be expelled from his paradise (Scene 3). Pausanias, his favourite pupil, now appears and tries without success to comfort him (Scene 4). There follows the great central scene of the first act. Hermokrates and Kritias arrive with a crowd of Agrigentines, and Hermokrates calls them to witness that their great hero, whom they had supposed ascended into heaven, is still here on earth in a state of miserable weakness and despondency. Empedokles replies by bitterly denouncing Hermokrates, while Pausanias rebukes the crowd for taking sides with the hypocritical priest. Seizing the favourable opportunity, Hermokrates pronounces a formal curse on Empedokles and banishes him from the city. Unable or unwilling to resist, Empedokles only asks that the curse and decree of banishment should not apply to his young friend Pausanias. But this too is refused and the people even threaten to lay violent hands on him if he should dare to say another word. This is too much for Empedokles, and in fierce anger he in his turn places a dreadful curse on the Agrigentines (Scene 5). While the rest of the people withdraw, Empedokles detains Kritias and advises him to let Panthea leave Sicily, as she would never find a worthy husband among such a servile people. Kritias hesitates to accept this advice, but he is evidently doubtful of the justice of the penalty imposed on Empedokles, and it is with pity that he bids him go his way (Scene 6). In a second soliloquy Empedokles says he will indeed go his way—evidently meaning the way to death (Scene 7). His three slaves come to him with the request that they be allowed to continue in his service; but, unwilling to let them share the dreadful consequences of the curse pronounced on him, Empedokles gives them their liberty and dismisses them (Scene 8). As the act has opened with the appearance of Panthea and Delia in what was virtually a prologue, so it ends with their reappearance in a corresponding epilogue, in which Panthea expresses her despair at the loss of her hero, while Delia still hopes to save the situation by an appeal to Kritias (Scene 9).

Act II. A considerable time must be supposed to elapse between the first and second acts—sufficient to allow Empedokles and Pausanias to travel on foot, by unfrequented paths and under great hardships, from Agrigentum via the neighbourhood of Syracuse to the slopes of Mount Etna. It is an afternoon of blazing sunshine and Empedokles is thirsty and footsore, but in the more congenial heights of the mountain his state of mind improves. Somewhat encouraged, Pausanias asks for shelter in a peasant's hut (Scene 1). The peasant, recognizing the outlaw of Agrigentum, refuses help; but Pausanias will accept no refusal and threatens to burn down the peasant's hut if he should allow any harm to be done to Empedokles (Scene 2). The following scene is the turning-point in the play. Pausanias brings his master some clear cool water from a mountain stream. Empedokles drinks to the gods who had once befriended him, to Nature and to 'his return' (his imminent death in Etna)—and immediately he is transfigured. He feels that his former divine inspiration is being restored to him, and that he is about to experience something grander and finer than ever before (Scene 3). There follows the central scene of the second act, corresponding to Scene 5 of Act 1 but with a complete reversal of roles. The Agrigentines, still under the leadership of Hermokrates, now come to ask pardon of Empedokles, to cancel his banishment and to beg him to return to their city. There is a general revulsion of feeling against Hermokrates, and just as, in the first act, the people had threatened Empedokles with violence, so it is now the priest who is in danger of physical assault. But Empedokles restrains them. Hermokrates is forgotten, and the people turn all their attention to Empedokles, whom they invite to return to Agrigentum as their king! To their unutterable astonishment, Empedokles declines the offer. But in return for the good will that prompted it, he bestows on them his *Heiligtum*, his long-considered farewell message. He tells them they must now abandon their ancient customs and dead traditions and return as if newborn to nature. The hearts of mortals often sleep, like precious corn-seed in dead husks, until their time comes. Then they burst forth into life. A new Golden Age, a 'more manly' Age of Saturn, ensues, and the true, the living gods revisit the earth. Pausanias, Kritias and the people still hope that Empedokles will return to Agrigentum and continue to advise them during the new era he has predicted. But Empedokles feels that he has fulfilled his duty towards them: he has communicated the divine message and 'es muß bei Zeiten weg, durch wen der Geist geredet' (Scene 4). Pausanias makes a final effort to divert Empedokles from his fatal purpose. But unsuccessfully. Empedokles tells him to prepare a last meal of bread and wine which they will share in the evening, and meanwhile dismisses him (Scene 5). In a final monologue, a prayer of thanks to Jupiter the Deliverer, Empedokles expresses his joyful readiness for the grand and terrible sacrifice which he is about to make (Scene 6).

The action of the tragedy is now virtually complete. Of the tentative continuation of the play only two scenes have come down to us, both fragmentary.[1] They show Panthea

---

[1] These two fragmentary scenes are omitted in the present edition because their inclusion would spoil the effect of the First Version and because their content is reproduced in a fuller and more satisfactory form in the corresponding scenes of the Second Version (Emp. II 534–724).

and Pausanias at heart reconciled to Empedokles' death, while Delia is still unable to resign herself to it. It is not difficult to imagine how Hölderlin may have envisaged the end of the play. Empedokles would reappear to share with his young friends the meal which Pausanias was to prepare; they would sing together the promised hymn to the Muses (v. 1886 ff.); and finally, when the sun had gone down, Empedokles would throw himself into the glowing crater.

Even such a bare outline as the above is sufficient to show, not only how much more closely Hölderlin has adhered to his sources than in the Frankfort Plan, but also how greatly he has improved the structure of the play. The trivial and irrelevant domestic complications of the earlier plan have been discarded; the jealous hostility which had formerly been dispersed among an anonymous group of *Neider* is now concentrated in the prominent figure of Hermokrates; and the awkward duplication of the hero's withdrawal to the mountain is replaced by a simple and effective evolution of which the first part takes place in Agrigentum, the second on the slopes of Mount Etna, and the third at the fiery summit.

But a sketch of the plot can of course provide only a preliminary orientation in the study of a great drama. For a deeper understanding we must consider certain aspects of it more closely.

The Religious and Political Implications

Der Tod des Empedokles is not a historical play like Shakespeare's *Julius Caesar*, or Racine's *Britannicus*, or Schiller's *Wallenstein*—dramas which embody with a high degree of objectivity the essential spirit and reality of a historical period. Hölderlin's tragedy is rather the projection and transmutation of his own deepest feelings. This is in accordance with his conception of the nature of tragedy as indicated in the *Grund zum Empedokles* (StA 4, 150 f.):

Die Empfindung drückt sich nicht mehr unmittelbar aus, es ist nicht mehr der Dichter und seine eigene Erfahrung, was erscheint, wenn schon jedes Gedicht, so auch das tragische, aus poetischem Leben und Wirklichkeit, aus des Dichters eigener Welt und Seele hervorgegangen sein muß, weil sonst überall die rechte Wahrheit fehlt . . . es enthält einen dritten von des Dichters eigenem Gemüt und eigener Welt ver-schiedenen fremderen Stoff, den er wählte, weil er ihn analog genug fand, um seine Totalempfindung in ihn hineinzutragen, und in ihm, wie in einem Gefäße, zu bewahren, und zwar um so sicherer, je fremder bei der Analogie dieser Stoff ist.

So the truth expressed in *Der Tod des Empedokles* is the truth of Hölderlin's own world and soul, his own feelings and experiences, but 'verfremdet', transposed into the different yet analogous world of the ancient philosopher Empedocles—a procedure, incidentally, which was not only aesthetically advantageous but also socially expedient, since the troubled religious and political circumstances of late eighteenth-century Germany would have made it dangerous for Hölderlin to express his ideas more directly.

What, then, are these feelings and experiences, the underlying 'truth' of the play? First in importance are the religious convictions and conflicts which Hölderlin imparts to his hero. The gods of Empedokles are Hölderlin's own gods—the mythical expression of his own religious adoration of nature. They are the aspects of nature which he had known and loved from his boyhood in the beautiful Neckar valley and the Swabian Alb. The sun, the air, the earth—he had always felt them to be divine, they always *were* his gods. And so he could say: 'Im Arme der Götter

wuchs ich groß.'[1] Influenced by Spinoza, as well as by
Rousseau and Herder, Hölderlin's early enthusiasm for
nature developed into the pantheism which we noticed
in connexion with *Hyperion*. But it was not a logical-
mathematical pantheism like Spinoza's. It was rather an
emotional pantheism like the young Goethe's:

> Wie herrlich leuchtet
> Mir die Natur!
> Wie glänzt die Sonne!
> Wie lacht die Flur!

It was the joyful and grateful recognition of the divine
unity and harmony of nature and of the unifying power of
love in the highest relations of men and women to each
other, as individuals and as members of whole societies.
Such experiences cannot properly be expressed in prose;
they are communicable only in the language of poetry.
But we can at any rate notice that for Hölderlin religion is
always a matter of *experience*, of something actually *felt*, of
the *living presence* of the divine in nature and in man; and
that is why the words *lebendig, gegenwärtig* figure so prominently in his religious terminology. As Cassirer says of him:

Im Grunde bleibt ihm das Unendliche selbst noch ein Faßbares
und Fühlbares . . . es stellt sich ihm von Anfang an in kon-
kreter Gestaltung dar. Luft und Licht, Aether und Himmel
sind seine nächsten Symbole — sofern sie selbst unbegrenzt
und allgegenwärtig in jedes besondere Sein eingehen und es
umspülen und durchfluten. In ihnen fühlt er sich unmittelbar
ergriffen von der Einheit alles Lebendigen; in sie sehnt sich
sein Wesen aufzugehen.[2]

Now it is obvious that a pantheistic religion in this sense

---

[1] *Da ich ein Knabe war . . . 32.*
[2] Ernst Cassirer, 'Hölderlin und der deutsche Idealismus' (1917), re-
printed in *Hölderlin. Beiträge zu seinem Verständnis in unserm Jahrhundert*',
edited by A. Kelletat, Tübingen, 1961, p. 87.

is scarcely reconcilable with a dogmatic Christian theology
which places the greatest emphasis, not on our experience
of the divine *in* nature, but on our faith in a God above
and apart from nature. Subjected to the orthodox theological training of the seminaries of Denkendorf, Maulbronn and Tübingen, Hölderlin was bound to be disappointed and repelled by the orthodox interpretation
of Christianity. Hence his refusal, notwithstanding his
mother's entreaties, to pursue the profession of a clergyman,
to mount the 'desecrated' pulpit. Hence his fierce attacks
on 'the scribes and Pharisees of our time':

Aber die Schriftgelehrten und Pharisäer unserer Zeit, die aus
der heiligen lieben Bibel ein kaltes, geist- und herztötendes
Geschwätz machen, die mag ich freilich nicht zu Zeugen meines
innigen, lebendigen Glaubens haben. Ich weiß wohl, wie jene
dazu gekommen sind, und weil es ihnen Gott vergibt, daß sie
Christum ärger töten, als die Juden, weil sie sein Wort zum
Buchstaben, und ihn, den Lebendigen, zum leeren Götzenbilde
machen, weil ihnen das Gott vergibt, vergeb' ich ihnen auch.[1]

This is not an attack on Christianity. It is an attack on
what Hölderlin regarded as the dogmatic perversion of
Christianity, on what Hegel called the *Positivität* of established religion—the substitution of the dead letter of the
Bible for the living spirit of Christ, the 'killing' of Christ
by the heartless and mindless insistence on rigid dogmas,
meaningless customs, lifeless traditions. This is the great
conflict—a conflict as important today as in Hölderlin's
time—which is represented in our play by the antagonism
of Empedokles and Hermokrates. It is *this* that is involved
when Empedokles claims to have lived with 'allen Leben-
den | In einigem gegenwärtigem Olymp' (v. 419 f.); when
he accuses Hermokrates of being 'falsch und kalt und tot,
| Wie seine Götter sind' (v. 533 f.); and when, on the other

[1] Letter to his mother, January 1799 (StA 6, 309).

hand, Hermokrates denounces Empedokles for subverting 'Gesetz und Kunst und Sitt' und heilge Sage' (v. 229). It is essentially the same conflict as Dostoevsky has represented in the encounter of the Prisoner and the Grand Inquisitor, who claims to have 'corrected' the work of Christ and to have 'founded it upon *miracle, mystery* and *authority*'.[1] The fundamental difference between Empedokles and the Prisoner on the one hand and Hermokrates and the Grand Inquisitor on the other is that the former believe in the divine potentialities of human beings—that is why they can be so bitterly disappointed in them—while the latter are convinced that men are 'slaves . . . weak and vile', requiring for their own good to be kept in perpetual tutelage.

But the difficulties of Hölderlin's position were only partly due to the conflicts of inspirational and dogmatic religion. To an even greater degree they were a consequence of the fitfulness, the instability of his own pantheistic faith. He was subject to violent changes of mood, alternately soaring to the heights of rapture and plunging to the depths of despair; and in his periods of deepest depression he found it difficult to maintain his belief in the sacredness of nature and man. His gods seemed to vanish, leaving him spiritually dead in a dead world:

Täglich muß ich die verschwundene Gottheit wieder rufen . . . und leise ruf' ich mir das Schreckenswort zu: lebendig Toter![2]

It is characteristic of him that he should see the hero of his play as subject to a similar alternation of ecstasy and dejection. At the beginning of the play Empedokles has just suffered such a catastrophic emotional reversal, and he feels that he has himself to blame for it. Not so much because he has actually claimed to be a god as because this

---

[1] *The Brothers Karamazov*, Book V, Chapter 5.   [2] StA 6, 336 f.

absurd claim has sprung from an unpardonable arrogance, from a barbarous ingratitude to the divine powers
which have so generously befriended him. This crime of
arrogance or *hubris* is not so much the projection of a sense
of guilt in Hölderlin himself—for in general Hölderlin was
not deficient in humility—as a symbolical representation
of a great evil which he recognized in the culture of his
time. Though he had carefully studied and in some respects highly valued the Idealist philosophy of Kant and
his successors, Hölderlin objected to the tendency of that
philosophy to exalt the autonomy of the human mind, of
reason and will, at the expense of nature. For Fichte
external nature had no absolute reality; it was merely a
product of the pure ego, merely an object that had to be
overcome in the ethical struggle of mankind towards freedom and self-realization. Typical of his hostile, dominating
attitude to nature is the following sentence:

Die Vernunft liegt mit der Natur in einem stets dauernden
Kampfe; dieser Krieg kann nie enden, wenn wir nicht Götter
werden sollen; aber es soll und kann der Einfluß der Natur
immer schwächer, die Herrschaft der Vernunft immer mächtiger werden; die letztere soll über die erstere einen Sieg nach
dem andern davontragen.[1]

For Schelling nature and mind were both indeed aspects
of absolute reality, but in nature the absolute was unconscious of itself—it attained to self-consciousness only in
man, who was therefore entitled to regard himself as the
inmost reality of nature, as the end towards which all
nature was blindly striving:

Ich bin der Gott, der sie im Busen hegt,
Der Geist, der sich in allem bewegt.[2]

[1] *Einige Vorlesungen über die Bestimmung des Gelehrten*, 1794, 3. Vorlesung.
[2] From Schelling's *Epikurisch Glaubensbekenntnis Heinz Widerporstens*, quoted
by Emil Staiger, p. 9 f.

Here, as Emil Staiger remarks, we find a modern philosopher actually indulging—however frivolously and pro-
vocatively—in the blasphemous presumption which for
Hölderlin and his hero was the sin of all sins, *die Ursünde*.

But it was not only among philosophers and writers that
Hölderlin encountered this offensive spirit. He found it
pervading the whole society of his time—and would no
doubt have found it equally pervasive in the society of the
twentieth century. Modern civilization is based essentially on the exploitation of nature, on the manipulation of
natural forces for the material advantage of mankind.
And this process is quite dispassionate and businesslike; it
is not accompanied by any sense of gratitude or reverence
for nature as the provider of our resources. On the contrary, our ability to utilize nature merely intensifies our
sense of superiority. We forget that we can only apply and
direct natural forces, we cannot create them. By our-
selves we can create nothing. Speaking of philosophy, art
and religion, those 'priestesses of nature', Hölderlin ex-
plains his thought as follows (StA 6, 329):

Auch dieses wirken jene drei, besonders die Religion, daß sich
der Mensch, dem die Natur zum Stoffe seiner Tätigkeit sich
hingibt, den sie, als ein *mächtig Triebrad*, in ihrer unendlichen
Organisation enthält, daß er sich nicht als Meister und Herr
derselben dünke und sich in aller seiner Kunst und Tätigkeit
bescheiden und fromm vor dem Geist der Natur beuge, den
er in sich trägt, den er um sich hat, und der ihm Stoff und
Kräfte gibt, denn die Kunst und Tätigkeit der Menschen, so
viel sie schon getan hat und tun kann, kann doch Lebendiges
nicht hervorbringen, den Urstoff, den sie umwandelt, bear-
beitet, nicht selbst erschaffen, sie kann die schaffende Kraft
entwickeln, aber die Kraft selbst ist ewig und nicht der
Menschenhände Werk.

Modern societies have very little of the humility, the

'natural piety', which Hölderlin here demands.[1] Their attitude is fairly represented by the arrogance of Empedokles (v. 476 ff.):

> Ich kannt es ja, ich hatt es ausgelernt,
> Das Leben der Natur, wie sollt es mir
> Noch heilig sein, wie einst!

And just as they share Empedokles' crime, so they must also share his punishment. A nation which despises nature, which regards nature merely as the means for the satisfaction of material needs, must ultimately lose the feeling for everything great and good, for everything divine both in nature and in man. It will find itself living in a wasteland, in a desolation of the spirit exactly corresponding to the god-forsakenness of the outcast Empedokles. This was the condition of Germany in the eighteenth century as Hölderlin understood it, and as he had so fiercely denounced it in the penultimate chapter of his *Hyperion*. But he lived in the hope that it would not be permanent. Such a dark night of the spirit, such a bleak winter in the hearts of men, would surely be followed by a great reawakening, an auroral or vernal renewal of the world. And the prophecy and plea for such a renewal is the content of Empedokles' farewell message to the Agrigentines as it is the content of Hölderlin's later elegies and hymns.

From the renewed devotion to nature, the invigorating

---

[1] Cf. Paul Tillich, *The Shaking of the Foundations*, London, 1949, p. 79: 'Is nature not completely subjected to the will and wilfulness of man? This technical civilization, the pride of mankind, has brought about a tremendous devastation of original nature, of the land, of animals, of plants. It has kept genuine nature in small reservations and has occupied everything for domination and ruthless exploitation'; and Aldous Huxley, *Literature and Science*, London, 1963, p. 92: 'For the Greeks of classical antiquity, *hubris*, that violent and overweening bumptiousness which is so characteristic of civilized societies, was no less a sin when directed against nature than when directed against one's fellow man.'

return to the Great Mother, there would follow not only a
religious, but also a political regeneration—not only the
replacement of a dogmatic religion by a religion of love
and inspiration, but also the establishment of a state
of liberty, equality and fraternity: 'jeder sei | Wie alle'
(v. 1548 f.). *Der Tod des Empedokles*, we must remember,
was written in the times of the French Revolution;[1] and
we may be sure that Hölderlin was thinking as much of
modern Europe as of ancient Sicily when he let his hero
refuse the offer of the crown and gravely admonish his
countrymen: 'Dies ist die Zeit der Könige nicht mehr'
(v. 1438).

Empedokles himself, it is true, will not live to see the
new republic he has prophesied: he has vowed to sacrifice
himself and he will not break his vow; he is still possessed
by the *schauderndem Verlangen* for the flames of Etna. How
his yielding to that passion can be reconciled with his
concern for the welfare of the State, is a problem that has
troubled interpreters. But we must return to this question
later, when we have considered more closely the characters
in the play.

Characterization

Hölderlin is generally considered to be weak in characterization, but at least in *Der Tod des Empedokles* the
characters are, with one possible exception, well conceived and skilfully contrasted.

On Empedokles, as the protagonist of the play, Hölderlin has lavished all the qualities that he most admired in a
hero. According to Aristotle, Empedokles was sixty when

---

[1] See above, p. 3 f., and cf. Erwin Hölzle (quoted by Adolf Beck,
StA 6, 872): 'Niemals hat sich der deutsche Süden so nahe einer Revolution
gefühlt, wie in den beiden letzten Jahren des Jahrhunderts'—precisely the
years in which *Empedokles* was written.

he died; but Hölderlin imagines him much younger. Hölderlin's Empedokles is indeed past his youth, he refers to himself as 'dem Welkenden' (v. 1248); but he knows that he is not destined to grow old (v. 1747). Like Homer's Achilles, he is 'nur für kurze Zeit geboren' (v. 1677).[1] But if in his youthfulness, his bold spirit, his love of glory, Empedokles resembles Achilles (Hölderlin's favourite hero), he is more gentle, more generous, more placable than the vindictive enemy of Hector. He is also more versatile—a brilliant political leader, a physician, a poet and a prophet —the living antithesis of the inhuman specialization of modern societies. And in his love of children, his readiness to forgive his enemies, his voluntary sacrificial death, there is a distant but unmistakable evocation of Christ. It is his great advantage as a dramatic figure that, with all his pre-eminence—in his hour of humiliation as in his hour of triumph, in his longing for death as in his physical shrinking from it—he never ceases to be human.

Pausanias is of course a much less complex person. He is in the prime of youth and intensely proud of Empedokles' favour, which he repays with boundless devotion. It is on him that the mantle of Empedokles will fall, but he is much less aetherial, one might say less Christian, more thoroughly Greek, than his master. Panthea is equally devoted to Empedokles and perhaps more deeply akin to him. Hölderlin uses the same epithet to describe her as he uses for Antigone (*zärtlichernst*, vv. 121, 805), and she has indeed something of the paradoxical character of Sophocles' heroine. Her tenderness appears in an austere form. She loves Empedokles yet feels bound to avoid him; with an infinite capacity for affection she is at odds with her father and isolated among her compatriots. With admirable art Hölderlin has chosen as a friend for Panthea

[1] μινυνθάδιος, *Iliad* I 352.

the Athenian Delia. The characters of the two girls are
finely differentiated. Delia's role can only be that of a
spectator, but she seems to introduce into the too feverish
and passionate atmosphere of Agrigentum something of
the coolness and firmness of Periclean Athens.

It is perhaps in the characterization of Hermokrates
that Hölderlin may seem to have been least successful.
Hermokrates forms a complete contrast to Empedokles.
While Empedokles is still quite a young man, Hermokrates is very old—he refers to himself as 'dem Greise'
(v. 543), Empedokles and Pausanias mention his grey hair
(vv. 731, 1383). And this difference is not merely acci-
dental. It is symbolically important. For Hölderlin, accustomed as he was to associate the divine with enthusiasm,
with inspiration, with life at its greatest intensity, youth
had an intrinsic religious value; while it seemed natural
and inevitable that the champion of a dogmatic and
authoritarian religion should be aged and decrepit. There
is a corresponding difference in the manner and methods
of the two men. While Empedokles relies entirely on his
inspiration, on the natural soundness of his judgement and
feeling, Hermokrates is the born politician, the skilful
opportunist, the subtle calculator who knows how to turn
to his own advantage the weakness and timidity of Kritias
and the fickleness of the people. A sour spoil-sport, narrow
in his sympathies, illiberal in his principles, he can form no
conception of the character of Empedokles; he profoundly
misjudges him. But he rightly senses that Empedokles is
opposed to everything he stands for, and he consequently
pursues him with the implacable and unscrupulous hostility with which, throughout his long career, he has pursued 'die lebensreichen Menschen' (v. 1367 f.). All this is
excellent for the action of the play, but is perhaps open to
the objection that Hermokrates is portrayed too unsym-

pathetically to be recognizable as a human being. Hölderlin had not forgotten the fate of such men as Lucilio Vanini,[1] and his hatred of the Hermokrateses of the world was proportionate to the suffering of their victims. Unfortunately, such an intensity of feeling was hardly compatible with dramatic objectivity.

Cunning and venomous as he is, Hermokrates is a much weaker and more ineffectual personality than Empedokles. So long as Empedokles retains the favour of his nature-gods, Hermokrates is powerless. It is only when Empedokles forfeits that favour that the machinations of Hermokrates are successful. Empedokles loses, not only his gods, but himself, and 'die Sich-Verlierenden läßt alles los'. The ungrateful people readily abandon him to the vengeance of his enemy, and in his utter helplessness he cannot even save Pausanias. But he has only to return to himself, to recover a little of his former inspiration, and his natural ascendancy over Hermokrates immediately reasserts itself. It is now the priest who is lost and helpless. Kritias and the whole people come over to the side of Empedokles, whose individuality, as Hölderlin says of Achilles in the *Iliad*, 'teilt sich zuletzt . . . mehr oder weniger allem und jedem mit, was ihn umgibt'.[2] And here again we are confronted with the question which already presented itself in the previous section: having gained such a complete victory over his rival, having secured the undivided loyalty and confidence of the people, why does Empedokles still think it necessary to sacrifice his life? Would it not be better, as the First Citizen suggests (v. 1684), to return to the city and assist the people with his

[1] Vanini was condemned by the Inquisition for teaching pantheism and was burned at the stake in Toulouse in 1619. Hölderlin wrote an ode about him which Beissner aptly describes as a 'Seitenstück' to the ode on Empedokles. See note on v. 520 f.

[2] *Über die verschiednen Arten, zu dichten*, StA 4, 231.

advice during the transition to the promised new era? In persisting in his suicidal intention, is he not merely yielding to that Dionysian impulse to self-abandonment which, as we observed in connexion with the Frankfort Plan, was the aspect of the story which first interested Hölderlin? In that case the tragedy of Empedokles is only a personal tragedy. His death is his reaction to the humiliation he has suffered, the expression of his longing for oblivion, for reunion with the divine elements of nature. It would appear to have no relation whatever to the concern for the future of his country which he has shown in his farewell message.

   Now it cannot be disputed that Empedokles is to some extent influenced by such personal motives as those just mentioned, but does it follow that his death is unnecessary for the welfare of the people? that it is 'eine selbstische Tat', as Georg Neumann calls it (p. 287)? Emil Staiger (p. 12) agrees with Neumann on this question:

Es [das Volk] kann den Tod nicht hindern und erwirkt ihn auch am Ende nicht mehr . . . Umgekehrt ist der Tod des Helden nicht notwendig für Agrigent. Was Hölderlin ausgeführt hat, erlaubt uns nicht, einen solchen Sinn schon in die erste Fassung hineinzudeuten, sogar wenn wir die Möglichkeiten der fehlenden Akte hoch veranschlagen. Es müßte angedeutet, es müßte irgendwie vorbereitet sein. Das Auge des Dichters ist aber wie gebannt auf seinen Helden gerichtet.

Empedokles certainly does not appear to think of his death as necessary for Agrigentum. The motives for his action on which he himself lays the heaviest stress are that, as the son and prophet of Urania (the Muse who heralds the coming of a new age), it must not be expected of him that he should 'Knechten gleich | Den Tag der Unehr über-leben' (v. 1829 f.)—that, having proclaimed the will of the gods, he must not risk the desecration of his message and of himself by exposing himself once more to the defilement he has already experienced in Agrigentum (v. 1678 f.). All this may be admitted, and yet one may still feel that the play *does* contain indications of a deeper significance in the hero's death, that Hölderlin *has* prepared the revelation of these deeper implications, and that in the course of the final act they might well have become perfectly clear. Consider the following passage (v. 1518 ff.):

> Menschen ist die große Lust
> Gegeben, daß sie selber sich verjüngen.
> Und aus dem reinigenden Tode, den
> Sie selber sich zu rechter Zeit gewählt,
> Erstehn, wie aus dem Styx Achill, die Völker.
> O gebt euch der Natur, eh sie euch nimmt!

This amounts to nothing less than the demand that Agrigentum itself should 'die'—die to its outworn traditions and religion—and by voluntarily submitting to 'purifying death' accomplish its regeneration. But how could Empedokles make this demand if he were to revoke his vow to die himself? How could he himself avoid the sacrifice while demanding it of the people? Both he and they owe atonement to nature, and the parallel between the physical death reserved for himself and the spiritual death required of *them* is too obvious to be without significance. By such parallels, by symbolism and suggestion, by the whole presentation of the characters and situation, a play can convey its meaning more surely than by direct verbal formulation; and it is a misunderstanding of the nature of drama to restrict its significance to what is expressly stated in it.

It has been suggested that the strange exultation which we experience in contemplating the death of a tragic hero 'is related in direct line of descent to the religious exultation felt by the primitive group that made sacrifice of the divine king or sacred animal, the representative of the tribal life, and, by the communion of its shed blood, felt that life strengthened and renewed'.[1] Whether or not this is true of every tragic hero, it certainly seems true of Empedokles: his death can be convincingly interpreted as a modern expression, immeasurably sublimated and refined, of such a primitive sacrifice. But Empedokles' sacrifice is not only intrinsically important. It is also important as an *example* which the people must imitate, and that is why it must be more tangible, more drastic (physical suicide) than the sacrifice required of the ordinary citizens (spiritual self-destruction and renewal). We have again here, surely, a distant reflection of the passion of Christ, who also spoke of his death as an example of the sacrifice which all men must make if they are to be saved:

And Jesus answered them, saying, The hour is come that the Son of man should be glorified. Verily, verily, I say unto you, Except a corn of wheat fall into the ground and die, it abideth alone: but if it die, it bringeth forth much fruit. He that loveth his life shall lose it; and he that hateth his life in this world shall keep it unto life eternal.[2]

The allusions to Christ in Hölderlin's representation of Empedokles are too frequent and palpable to admit of a doubt that, consciously or unconsciously, Hölderlin was thinking of his hero as a saviour. It is true that the conception of salvation involved here is very different from the orthodox Christian conception: it is not primarily a matter of the saving of individual souls, but rather of the saving of a whole nation; it is not to be achieved at a distant mil-

---

[1] Maud Bodkin: *Archetypal Patterns in Poetry*, London, 1934, p. 21.— Empedokles actually compares himself to an *Opfertier*, v. 549; cf. Emp. III 362.

[2] St John xii. 23–25.—The words 'The hour is come . . .' are paralleled by Empedokles' 'näher tritt und näher meine Stund . . .', v. 1892 f.

lennium in a supersensible world, but in the near future in this world of our earthly experience; and it is not to be gained by the triumph of the spirit over nature, but on the contrary, as we have seen, by a renewed devotion to nature. Profound as these differences are, the fact remains that in both cases it is a question of salvation to be accomplished by the self-sacrifice of a redeemer. And the parallel would have become even more striking if the projected final act had been written with its virtual re-enactment of the Last Supper. It would have been not only possible but almost inevitable that the necessity of Empedokles' sacrifice for the redemption of his people should have emerged as clearly from the later scenes of the First Version as from the concluding verses of the Second (Emp. II 720 ff.):

> So mußt es geschehn.
> So will es der Geist
> Und die reifende Zeit,
> Denn *einmal* bedurften
> Wir Blinden des Wunders.

Thus the First Version may be regarded as already illustrating that ideal relation of the human and the divine which Hölderlin later recognized in his analysis of Greek tragedy (StA 6, 381 f.):

So stellten sie das Göttliche menschlich dar, doch immer mit Vermeidung des eigentlichen Menschenmaßes, natürlicherweise, weil die Dichtkunst, die in ihrem ganzen Wesen, in ihrem Enthusiasmus, wie in ihrer Bescheidenheit und Nüchternheit ein heiterer Gottesdienst ist, niemals die Menschen zu Göttern oder die Götter zu Menschen machen, niemals unlautere *Idololatrie* begehen, sondern nur die Götter und die Menschen gegenseitig näher bringen durfte. Das Trauerspiel zeigt dieses *per contrarium*. Der Gott und Mensch scheint Eins, darauf ein Schicksal, das alle Demut und allen Stolz des Menschen erregt und am Ende Verehrung der Himmlischen einerseits und andererseits ein gereinigtes Gemüt als Menscheneigentum zurückläßt.

Tragedy illustrates the true relation of the human to the divine *per contrarium*, that is, by showing the consequences of the *wrong* relation. Empedokles at first *seemed* to be one with the gods, he could claim to be himself a god. Thereupon he suffered a fate that stirred his humility and pride to their very depths. And finally, thanks to his sacrifice, the human and the divine can be brought nearer to each other without the impure idolatry of supposing them identical or equivalent. The living gods can abandon their aloofness, while the chastened and purified people can be raised towards them.

Style and Versification

It has often been assumed that Hölderlin was too much of a lyric poet to be successful as a dramatist. Georg Neumann (p. 282) even went so far as to call *Der Tod des Empedokles* 'ein lyrisches Gedicht'. But this is a mistake—a mistake which may be due to a false comparison of the play with dramas such as Shakespeare's or Schiller's which belong to quite a different tradition. *Der Tod des Empedokles* should rather be considered against the background of Greek tragedy, which allows considerable scope for lyrical expression while remaining admirably dramatic as a whole. An unprejudiced study of Hölderlin's play will show that it too is essentially dramatic. The great underlying problems of the play manifest themselves in powerful dramatic conflicts—conflicts so intense that in two scenes, I 5 and II 4, they come within a hair's breadth of physical violence. These two scenes are particularly admirable for dramatic tension and vitality. 'Welch heftiger Wechsel', wrote a critic of the first stage production, 'welch lebhafte Bewegung, welcher Reichtum an überraschenden Ge-

mütswandlungen!'[1] The speeches are no mere lyrical effu-
sions. Each responds in detail to the speeches preceding it
and is perfectly adapted to the dramatic situation, which is
consistently presented in all its complexity. And everything
is plastically visualized. As Dilthey remarks:

Eine grandiose Szenerie umgibt diese Gestalt: bewegte sizilia-
nische Volksszenen, die südlichen Gärten mit ihrem Pflanzen-
wuchs, eine Gegend am Aetna, dann die Höhe dieses Wunder-
berges selbst.[2]

The opening lines of each act serve to set the scene visually
and atmospherically, and the landscape of the unexecuted
final act is anticipated in the impressive lines (v. 1191 ff.):

> Dann glänzt um uns und schweigt
> Das ewige Gestirn, indes herauf
> Der Erde Glut aus Bergestiefen quillt,
> Und zärtlich rührt der Allbewegende,
> Der Geist, uns an . . .

The whole of the action takes place in the open air, be-
coming more and more intense in proportion as we ascend
higher into the pure aether of the mountain. Thus Nature
herself—the object of Hölderlin's 'heiterer Gottesdienst'—
plays her part in the tragedy, just as the Olympian gods
had played their parts in the tragedies of Aeschylus and
Euripides.

Equally vivid is Hölderlin's visualization of the gestures
and expressions of his characters:

> Da stehet er
> Und trauert und verschweigt den Geist . . . (v. 566 f.)

> Ach! stumm und blaß ist sie und siehet fremd
> Mich an . . .   (v. 965 f.)

---

[1] H. Missenharter, quoted by R. Rüppel, p. 82.
[2] *Das Erlebnis und die Dichtung*, 10. Aufl., p. 442.

It is a technique which Hölderlin may have studied in Sophocles—always, for him, the supreme master of drama —who pictures Antigone with her head bowed towards the ground and describes Ismene as 'a cloud on her brow casts its shadow over her darkly-flushing face and breaks in rain on her fair cheek'.[1]

It is true that in the speeches of Empedokles himself there is a more lyrical flow and a greater luxuriance of imagery than are given to the other speakers. But this belongs to his character as a poet, and Hölderlin no doubt quite deliberately endowed him with that poetic eloquence (the other persons in the play notice it, cf. v. 830 ff. and v. 1197). The delivery of Empedokles' *Heiligtum* provides a particularly good opportunity to suspend the dramatic dialogue and introduce a long and splendid speech anticipating in some measure the lyrical-hymnic style of the *Vaterländische Gesänge*. But this is not yet the poetic climax of the play, which is rather to be found in the last of Empedokles' soliloquies, v. 1892 ff. Elsewhere we often have reason to remember that the work is unfinished. There are occasional lacunae; some passages lack the polish which Hölderlin would certainly have given them if he had decided to persevere with the work. It would be unjust to him to forget that. But even so, the greater part of the play is written, as Nietzsche said, 'in der reinsten Sophokleischen Sprache', and many passages are as finely conceived and as exquisitely executed as anything of Hölderlin's. Even in the classical plays of Goethe there is hardly an example of purer versification than the speech of Pausanias, vv. 653–672 ('O komm! du gehest nicht allein . . .'). Note how Hölderlin's sensitive ear will not tolerate a single hiatus in this lengthy speech! And in the more intense passages there is a glow of feeling, a brilliance of

[1] *Antigone* 441; 528 ff. (Jebb's translation).

imagery which have seldom been equalled in German drama. Such is the final soliloquy referred to above, ending with the beautiful image:

> O Iris' Bogen über stürzenden
> Gewässern, wenn die Wog in Silberwolken
> Auffliegt, wie du bist, so ist meine Freude!

Here the lyricism is still legitimate. It must be admitted, however, that since the main dramatic conflicts are already resolved by the end of the second act, it is difficult to see how the conclusion of the play could have been genuinely dramatic. The lyrical element would inevitably have predominated, and this may have been one of the reasons for Hölderlin's dissatisfaction with his plan and failure to complete it. Another may have been the weakness in the characterization of Hermokrates which we noticed in the previous section.

The Later Versions

The Second and Third Versions can be discussed only very briefly here. Both metrically and stylistically the Second Version foreshadows Hölderlin's late hymns, and marks a great step forward in his progress towards that achievement. The language has been stripped of the luxuriance of the First Version. It is spare, concentrated, forceful. The verses are iambics of varying length but generally short, a metre which Hölderlin may have developed out of the free verse of Goethe's hymns, *Prometheus, Ganymed, Grenzen der Menschheit*—poems which are known to have made a strong impression on him. This metre alternates with passages of regular blank verse, some of which are identical with the corresponding passages of the First Version (cf. Emp. I 277 ff. and Emp. II 278 ff.). Others, though different in form, are substantially the

same in content. So that, in general, one may agree with
Dilthey that the First and Second Versions 'demselben
Grundplan angehören'.[1] It has generally been recognized
that Hölderlin has attempted to deepen and improve his
characterization of Hermokrates, whose attitude is now
determined by a reasoned philosophy of religious con-
servatism, and who now actually claims a closer affinity to
Empedokles than to Mekades (the new name of the Archon
instead of 'Kritias'). Yet the difference between the hero
and the priest still seems to be essentially the same:
Hermokrates is opposed in principle to allowing the
people to experience the *living presence* of the gods (Emp.
II 13 ff.); Empedokles still glories in having lived 'mit
allen Lebenden, | Der Götter Freund, im gegenwärtigen |
Olymp' (Emp. II 437 ff.). The *Wortschuld* of which Empedokles was guilty in the First Version—the guilt of having
actually pronounced the words 'I am a god'—does not
appear in the Second Version; but Empedokles is still
guilty of the arrogance of having set himself above nature,
like a weaker and more insolent Jupiter claiming sovereignty
over the old nature-god Saturn (Emp. II 350 ff.). He has
presumptuously asserted that the divine powers of nature
would remain mute, unfeeling and unhonoured if he had
not served as their prophet and interpreter. And his
punishment too is the same: to be cast out of his paradise,
to lose the sympathy and support of nature, to find himself
isolated and spiritually dead: 'Allein zu sein, | Und ohne
Götter, ist der Tod' (Emp. II 472 f.).

There is no indication in Hölderlin's letters or manuscripts as to the reason why the Second Version also was left
incomplete, and only a conjectural explanation is possible.
It was probably unfortunate that Hölderlin's work on
Empedokles fell precisely in the year when—partly in order

---

[1] Op. cit., p. 421.

to furnish material for his projected journal *Iduna*—he had become so deeply involved in researches into the theory of poetry. In the course of these researches his ideas on the nature and form of drama were naturally subject to continual modification, and he was thus deprived of a secure theoretical foundation for his creative work. Even a false theory is probably less damaging to a poet than one that he is continually tampering with. Hölderlin may have been impelled to abandon the Second Version merely because, as a result of his theoretical speculations, he had arrived at a new conception of tragedy. It is at any rate certain that his plan for the Third Version of *Der Tod des Empedokles* develops directly out of the theoretical studies *Grund zum Empedokles* and *Das Werden im Vergehen*. It is therefore in many respects radically different from the plan of the two earlier versions. Empedokles' antagonist is now no longer Hermokrates but his own brother Strato, King of Agrigentum, described in the *Grund zum Empedokles* as 'groß in natürlichen Anlagen, wie Empedokles . . . zum Helden geboren' (StA 4, 162). Pausanias is still the hero's disciple, but Panthea now appears as Empedokles' sister. And an important new character is introduced, the Egyptian Manes. Empedokles' sense of guilt is no longer such an important *motif* (but cf. Emp. III 34 ff.), and his role as the saviour who sacrifices himself for the religious regeneration of his country becomes fully explicit (Emp. III 383 ff.). The technique is much more strictly classical than in the earlier versions. The metre is a severely regular blank verse; formal choruses are envisaged in the manner of Greek drama; and it appears to have been Hölderlin's intention to observe the traditional unities of time and place. The first scene reveals Empedokles already exiled, and apparently the whole action was to take place on the slopes of Mount Etna and to be completed within twelve

hours or little more (cf. Emp. III 3 and 470). The title
which was first given to this version by Berthold Litzmann
and has commonly been used since, *Empedokles auf dem
Aetna*, is therefore quite appropriate as well as having the
advantage of distinguishing the Third Version, with its
radically new plan, from the First and Second Versions
which belong much more closely together.[1]

Hölderlin expresses his later view of tragedy very clearly
in his letter to Neuffer of the 3 July 1799:

Man will aber auch nur rührende erschütternde Stellen und
Situationen; um die Bedeutung und den Eindruck des Ganzen
bekümmern sich die Verfasser und das Publikum selten. Und
so ist die strengste aller poetischen Formen, die ganz dahin
eingerichtet ist, um, *ohne irgend einen Schmuck* fast in *lauter großen
Tönen*, wo jeder ein eignes Ganze ist, harmonisch wechselnd
fortzuschreiten, und in dieser stolzen Verleugnung alles Akzidentellen das Ideal eines lebendigen Ganzen, so kurz und
zugleich so vollständig und gehaltreich wie möglich, deswegen
deutlicher aber auch ernster als alle andre bekannte poetische
Formen darstellt — die ehrwürdige tragische Form ist zum
Mittel herabgewürdiget worden, um gelegenheitlich etwas
Glänzendes oder Zärtliches zu sagen. *Brief 183. Insel p. 905*
GSA Bd. 4 p. 339

In accordance with these views *alles Akzidentelle*—everything inessential—is rigorously excluded from the Third
Version. And for the first time express indications are to be
found of an attempt to apply to the drama Hölderlin's
theory of the *Wechsel der Töne*.[2] This is an extremely complex theory which it is impossible to explain briefly. It
must suffice to say that Hölderlin recognizes three fundamental tones or moods in poetry, the naïve, the heroic
and the ideal, which are respectively the basic tones of

---

[1] A different view is taken by Friedrich Beissner, *Hölderlin: Reden und
Aufsätze*, Weimar, 1961, p. 68 ff.; StA 4, 362.

[2] Cf. the plans for the Third Version, StA 4, 163 ff.

lyric, epic and tragic poetry. But by an extension of the principle of unity in diversity—Hyperion's ἓν διαφερον ἑαυτῳ—Hölderlin's theory envisages various combinations and permutations of the three fundamental tones in every individual poem, whether it be a lyric poem, an epic or a tragedy.

As only the first act of the Third Version is extant, one can hardly judge with confidence whether this version, if completed, would have been dramatically successful. Critics are divided on this question, some considering the extant fragment to be greatly superior, others greatly inferior, to Hölderlin's earlier essays in drama. It seems clear that the plan of the Third Version precludes any development in the character of Empedokles; already in the second scene he has almost outgrown humanity:

> Es will zum sterblichen Gespräche fast
> Und eitlem Wort die Zunge nimmer dienen.
> (Emp. III 298 f.)

One may doubt whether the theory of the *Wechsel der Töne* is as well adapted to drama as to lyric poetry. And is it really true that tragedy at its greatest avoids *das Akzidentelle*, if Hölderlin means by this, as apparently he does, descriptive or motivating details, the minutiae of atmosphere and incident?

At this stage Hölderlin seems to be thinking more like a lyric poet than like a dramatist—certainly not because he lacked the capacity for great drama, but perhaps because, in his later career, the impulse to conflict and revolt—the properly dramatic element—yielded to a spirit of conciliation for which lyric or hymnic poetry was the more natural vehicle. If he could abandon the Third Version before he had fairly completed the first act, it was because what he had to say no longer required to be said in dramatic terms. It was to find its adequate expression in the odes, elegies and hymns of his later period.

The Text

There is no printed text of *Der Tod des Empedokles* that can be accepted as authoritative. Authority rests with Hölderlin's manuscripts, which editors have interpreted variously. For the present edition I have collated Beissner's and Zinkernagel's texts with photostats of the manuscripts, selecting in cases of disagreement the readings that seemed best warranted. But on one question of principle I have differed from Beissner and Zinkernagel: I have not felt bound in *every* case to select a later manuscript reading if on other grounds an earlier reading seemed preferable. Some of the later readings are clearly only tentative and experimental, and in a definitive revision of the work Hölderlin might well have reverted to the earlier versions.

Spelling and punctuation have been modernized.

Main Dates in Hölderlin's Life

1770 20 March. Johann Christian Friedrich Hölderlin born in Lauffen, Württemberg.

1774–84 Nürtingen. Attends *Lateinschule*.

1784–8 Denkendorf, Maulbronn. Attends Theological Seminaries.

1788–93 Tübingen. Student of theology in the *Stift*.

1790 Beginning of friendship with Hegel and Schelling.

1793 December. Becomes tutor to Charlotte von Kalb's son in Waltershausen, near Meiningen in Thuringia.

1794 November. Jena. Meets Schiller, Goethe. Attends Fichte's lectures.

1795 May. Returns to Nürtingen.

December. Arrives in Frankfort to be tutor to the

eldest son of Jakob Friedrich and Susette Gontard. Falls in love with Susette (Diotima).

1797 Easter. Publication of first volume of *Hyperion*.

July. The 'Frankfort Plan' of *Empedokles*.

1798 September. Leaves Frankfort and settles nearby in Homburg vor der Höhe. Begins First Version of *Empedokles*.

1799 Autumn. Publication of second volume of *Hyperion*.

1799–81 The great elegies and odes.

1800 June. Stuttgart, at the house of his friend Landauer.

1801 January. Arrives in Hauptwil in Switzerland to be tutor in the house of Anton von Gonzenbach.

April. Returns to Nürtingen.

December. Sets out for Bordeaux to take up a position as tutor.

1801–3 *Die vaterländischen Gesänge*, great hymnic poems in a special form influenced by Pindar.

1802 June. Returns to Nürtingen mentally deranged.

1804 Further deterioration of mental condition.

1807 Entrusted as incurable to the care of the cabinet-maker Zimmer in Tübingen.

1843 7 June. Dies in Tübingen.

SELECT BIBLIOGRAPHY

A. Bibliographies

F. Seebass: *Hölderlin-Bibliographie*, München, 1922.
Maria Kohler and A. Kelletat: *Hölderlin-Bibliographie 1938–1950.* Supplemented by bibliographical articles in *Hölderlin-Jahrbuch*, Tübingen, 1947 ff.

B. Editions

Sämtliche Werke. Historisch-kritische Ausgabe begonnen von Norbert von Hellingrath, fortgeführt durch Friedrich Seebass und Ludwig v. Pigenot, 1. Aufl. München, 1913–23; 3. Aufl. 1943.
Sämtliche Werke und Briefe. Kritisch-historische Ausgabe von Franz Zinkernagel, Leipzig, 1913–26.
Sämtliche Werke. Große Stuttgarter Ausgabe. Hrsg. von Friedrich Beissner und Adolf Beck, Stuttgart, 1946 ff. This is now the standard edition of Hölderlin's works. It is referred to by the letters StA followed by the volume and page numbers.
Friedrich Hölderlin, Poems and Fragments. Bi-lingual edition. Translated by Michael Hamburger, London, 1966.

C. General Works about Hölderlin

W. Dilthey, *Das Erlebnis und die Dichtung*, Leipzig, 1906; 10. Aufl. 1929. Dilthey's essay is outdated in its treatment of Hölderlin's late poetry, but gives a very good short account of *Der Tod des Empedokles*.
W. Böhm, *Hölderlin*, 2 Bde, Halle, 1928–30.
R. Peacock, *Hölderlin*, London, 1938.
P. Bertaux, *Hölderlin. Essai de biographie intérieure*, Paris, 1936.
E. L. Stahl, *Hölderlin's Symbolism*, Oxford, 1945.
L. S. Salzberger, *Hölderlin*, Cambridge, 1952.
W. Schadewaldt, *Hellas und Hesperien*, Zürich, 1960.
L. J. Ryan, *Hölderlins Lehre vom Wechsel der Töne*, Stuttgart, 1960.

U. Häussermann, *Friedrich Hölderlin in Selbstzeugnissen und Bilddokumen-*
ten, Hamburg, 1961.

F. Beissner, *Hölderlin. Reden und Aufsätze*, Weimar, 1961.

A. Kelletat (Herausgeber), *Hölderlin. Beiträge zu seinem Verständnis in*
unserm Jahrhundert, Tübingen, 1961. Contains most of the important essays on Hölderlin written in this century.

M. B. Benn, *Hölderlin and Pindar*, The Hague, 1962.

L. J. Ryan, *Friedrich Hölderlin*, Stuttgart, 1962.

A. Pellegrini, *Friedrich Hölderlin, sein Bild in der Forschung*, Berlin, 1965.

D. Works about 'Der Tod des Empedokles' (references to these works in
the Introduction and Notes are by the names of the authors and page
numbers only)

L. v. Pigenot, *Hölderlins Grund zum Empedokles*, München, 1922.

G. Neumann, 'Zur Entstehung von Hölderlins Empedokles', *Ger-*
manische Romanische Monatsschrift, vol. 12, 1924.

Ida Maria Ruppel, *Der antike Gehalt in Hölderlins Empedokles*, Frankfurt a. M., 1925.

W. Schmidt, *Beiträge zur Stilistik von Hölderlins 'Tod des Empedokles'*,
Marburg a. L., 1927.

Gisela Wagner, *Hölderlin und die Vorsokratiker*, Würzburg, 1937.

M. Kommerell, 'Hölderlins Empedokles-Dichtungen', *Geist und Buch-*
stabe der Dichtung, 1940. Also in A. Kelletat's collection.

W. Kranz, *Empedokles. Antike Gestalt und romantische Neuschöpfung*,
Zürich, 1949.

R. Rüppel, *Hölderlins 'Tod des Empedokles' als Trauerspiel, die Bühnen-*
bearbeitungen und ihre Erstaufführungen, Mainz, 1954.

W. v. Scholz, 'Hölderlins "Tod des Empedokles" ', *Das Drama.*
Wesen, Werden, Darstellung der dramatischen Kunst, Tübingen, 1956,
pp. 244–56.

B. v. Wiese, *Die deutsche Tragödie von Lessing bis Hebbel*, Hamburg,
1948, pp. 103–34.

E. Staiger, 'Der Opfertod von Hölderlins Empedokles', *Hölderlin-*
Jahrbuch, 13. Bd., 1963/64.

U. Hölscher, *Empedolkes und Hölderlin*, Frankfurt a. M., 1965.

In addition to the work by Pigenot, interpretations of Hölderlin's
Grund zum Empedokles are offered by Paul Böckmann, *Hölderlin und*
seine Götter, München, 1935, pp. 288–96, and by L. J. Ryan, *Hölderlins*
Lehre vom Wechsel der Töne, pp. 330–40.

For the Life of Empedocles by Diogenes Laertius see the edition by R. D. Hicks of Laertius' *Lives and Opinions of Eminent Philosophers*, vol. 2, The Loeb Classical Library, London, 1925. For the extant fragments of Empedocles' poems see Hermann Diels, *Die Fragmente der Vorsokratiker*, 7. Aufl. hrsg. von W. Kranz, Bd. 1, Berlin, 1954.

DER TOD DES EMPEDOKLES

EIN TRAUERSPIEL

PERSONEN

EMPEDOKLES
PAUSANIAS
PANTHEA
DELIA
HERMOKRATES, Priester
KRITIAS, Archon
Ein Bauer
Drei Sklaven des Empedokles
Agrigentiner

*Der Schauplatz ist teils in Agrigent,
teils am Aetna*

ERSTER AKT

Agrigent. Am Garten des Empedokles

ERSTER AUFTRITT

Panthea. Delia

PANTHEA

Dies ist sein Garten! Dort im geheimen
Dunkel, wo die Quelle springt, dort stand er
jüngst, als ich vorüberging. — Du
hast ihn nie gesehn?

DELIA

O Panthea! Bin ich doch erst seit gestern mit dem   5
Vater in Sizilien. Doch ehmals, da
ich noch ein Kind war, sah ich
ihn auf einem Kämpfer-
wagen bei den Spielen in Olympia.
Sie sprachen damals viel von ihm, und immer   10
ist sein Name mir geblieben.

PANTHEA

Du mußt ihn jetzt sehn! jetzt!
Man sagt, die Pflanzen merkten auf
ihn, wo er wandre, und die Wasser unter der Erde
strebten herauf da, wo sein Stab den Boden berühre!   15
und wenn er bei Gewittern in den Himmel blicke,
teile die Wolke sich und hervorschimmre der
heitere Tag. — Das all mag wahr sein!
Doch was sagts? du mußt ihn selbst sehn! einen

20 Augenblick! und dann hinweg! ich meid ihn selbst —
ein furchtbar allverwandelnd Wesen ist in ihm.

DELIA

Wie lebt er mit andern? Ich begreife nichts
von diesem Manne.
Hat er wie wir auch seine leeren Tage,
25 Wo man sich alt und unbedeutend dünkt?
Und gibt es auch ein menschlich Leid für ihn?

PANTHEA

Ach! da ich ihn zum letztenmale dort
Im Schatten seiner Bäume sah, da hatt er wohl
Sein eigen tiefes Leid — der Göttliche!
30 Mit wunderbarem Sehnen, traurigforschend,
Wie wenn er viel verloren, blickt' er bald
Zur Erd hinab, bald durch die Dämmerung
Des Hains hinauf, als wär ins ferne Blau
Das Leben ihm entflogen, und die Demut
35 Des königlichen Angesichts ergriff
Mein ringend Herz — auch du mußt untergehn,
Du schöner Stern! und lange währets nicht mehr.
Das ahnte mir.

DELIA   Hast du mit ihm auch schon
Gesprochen, Panthea?

PANTHEA

40 O daß du daran mich erinnerst! Es ist nicht lange,
daß ich todeskrank daniederlag. Schon dämmerte
der klare Tag vor mir und um die Sonne
wankte, wie ein seellos Schattenbild, die Welt.
Da rief mein Vater, wenn er schon
45 ein arger Feind des hohen Mannes ist, am hoff-
nungslosen Tage den Vertrauten der Natur;
und als der Herrliche den Heiltrank mir
gereicht, da schmolz in zaubrischer Versöhnung
mir mein kämpfend Leben ineinander, und wie

zurückgekehrt in süße sinnenfreie 50
Kindheit, schlief ich wachend viele Tage fort,
Und kaum bedurft ich eines Othemzugs. — Wie
nun in frischer Lust mein Wesen sich zum erstenmale
wieder der langentbehrten Welt entfaltete, mein
Auge sich in jugendlicher Neugier dem Tag er- 55
schloß, da stand er, Empedókles! o wie göttlich
und wie gegenwärtig mir! am Lächeln seiner Augen
blühte mir das Leben wieder auf! ach,
wie ein Morgenwölkchen floß mein Herz dem
hohen süßen Licht entgegen und ich war der zarte 60
Widerschein von ihm.

DELIA

O Panthea!

PANTHEA

Der Ton aus seiner Brust! in jede Silbe
klangen alle Melodien! und der
Geist in seinem Wort! — zu seinen Füßen 65
möcht ich sitzen, stundenlang, als seine Schülerin,
sein Kind, in seinen Aether schaun, und
zu ihm auf frohlocken, bis in seines Himmels
Höhe sich mein Sinn verirrte.

DELIA

Was würd er sagen, Liebe, wenn ers wüßte! 70

PANTHEA

Er weiß es nicht. Der Unbedürftge wandelt
In seiner eignen Welt; in leiser Götterruhe geht
Er unter seinen Blumen, und es scheun
Die Lüfte sich, den Glücklichen zu stören,
Und aus sich selber wächst 75
In steigendem Vergnügen die Begeisterung
Ihm auf, bis aus der Nacht des schöpfrischen
Entzückens, wie ein Funke, der Gedanke springt,
Und heiter sich die Geister künftger Taten

80 In seiner Seele drängen, und die Welt,
   Der Menschen gärend Leben und die größre
   Natur um ihn erscheint — hier fühlt er, wie ein Gott
   In seinen Elementen, sich, und seine Lust
   Ist himmlischer Gesang; dann tritt er auch
85 Heraus ins Volk, an Tagen, wo die Menge
   Sich überbraust und eines Mächtigern
   Der unentschlossene Tumult bedarf;
   Da herrscht er dann, der herrliche Pilot,
   Und hilft hinaus; und wenn sie dann erst recht
90 Genug ihn sehn, des immerfremden Manns sich
   Gewöhnen möchten, ehe sies gewahren,
   Ist er hinweg — ihn zieht in seine Schatten
   Die stille Pflanzenwelt, wo er sich schöner findet,
   Und ihr geheimnisvolles Leben, das vor ihm
95 In seinen Kräften allen gegenwärtig ist.

DELIA

   O Sprecherin! wie weißt du denn das alles?

PANTHEA

   Ich sinn ihm nach — wie viel ist über ihn
   Mir noch zu sinnen? ach! und hab ich ihn
   Gefaßt, was ists? Er selbst zu sein, das ist
100 Das Leben und wir andern sind der Traum davon. —
   Sein Freund Pausanias hat auch von ihm
   Schon manches mir erzählt — der Jüngling sieht
   Ihn Tag vor Tag, und Jovis Adler ist
   Nicht stolzer, denn Pausanias — ich glaub es wohl.

DELIA

105 Ich kann nicht tadeln, Liebe, was du sagst,
   Doch trauert meine Seele wunderbar
   Darüber, und ich möchte sein wie du,
   Und möcht es wieder nicht. Seid ihr denn all
   Auf dieser Insel so? Wir haben auch
110 An großen Männern unsre Lust, und *einer*

Ist itzt die Sonne der Athenerinnen,
Sophókles! dem von allen Sterblichen
Zuerst der Jungfraun herrlichste Natur
Erschien und sich zu reinem Angedenken
In seine Seele gab. —   115
    Jede wünscht sich, ein Gedanke
Des Herrlichen zu sein, und möchte gern
Die immerschöne Jugend, eh sie welkt,
Hinüber in des Dichters Seele retten,
Und frägt und sinnet, welche von den Jungfraun   120
Der Stadt die zärtlichernste Heroide sei,
Die er Antigone genannt; und helle wirds
Um unsre Stirne, wenn der Götterfreund
Am heitern Festtag ins Theater tritt;
Doch kummerlos ist unser Wohlgefallen,   125
Und nie verliert das liebe Herz sich so
In schmerzlich fortgerißner Huldigung. —
Du opferst dich — ich glaub es wohl, er ist
Zu übergroß, um ruhig dich zu lassen;
Den Unbegrenzten liebst du unbegrenzt;   130
Was hilft es ihm? dir selbst, dir ahndete
Sein Untergang, du gutes Kind, und du
Sollst untergehn mit ihm?
PANTHEA   O mache mich
Nicht stolz, und fürchte wie für ihn, für mich nicht!
Ich bin nicht er, und wenn er untergeht,   135
So kann sein Untergang der meinige
Nicht sein, denn groß ist auch der Tod der Großen.
    Was diesem Manne widerfährt,
Das, glaube mir, das widerfährt nur ihm;
Und hätt er gegen alle Götter sich   140
Versündiget und ihren Zorn auf sich
Geladen, und ich wollte sündigen,
Wie er, um gleiches Los mit ihm zu leiden,

So wärs, wie wenn ein Fremder in den Streit
145   Der Liebenden sich mischt — 'was willst du?' sprächen
Die Götter nur, 'du Törin kannst uns nicht
Beleidigen, wie er'.

DELIA   Du bist vielleicht
Ihm gleicher als du denkst, wie fändst du sonst
An ihm ein Wohlgefallen?

PANTHEA   Liebes Herz!
150   Ich weiß es selber nicht, warum ich ihm
Gehöre — sähst du ihn! — Ich dacht, er käme
Vielleicht heraus, du hättest dann im Weggehn ihn
Gesehn — es war ein Wunsch! nicht wahr? ich sollte
Der Wünsche mich entwöhnen, denn es scheint,
155   Als liebten unser ungeduldiges
Gebet die Götter nicht, sie haben recht!
Ich will auch nimmer — aber hoffen muß
Ich doch, ihr guten Götter! und ich weiß
Nicht anderes denn ihn —
160   Ich bäte, gleich den Übrigen, von euch
Nur Sonnenlicht und Regen, könnt ich nur!
O ewiges Geheimnis, was wir sind
Und suchen, können wir nicht finden; was
Wir finden, sind wir nicht. — Wieviel ist wohl
Die Stunde, Delia?

165 DELIA   Dort kommt dein Vater.
Ich weiß nicht, bleiben oder gehen wir?

PANTHEA
Wie sagtest du? mein Vater? komm! hinweg!

ZWEITER AUFTRITT

Kritias, Archon. Hermokrates, Priester

HERMOKRATES
  Wer geht dort?
KRITIAS   Meine Tochter, wie mir dünkt,
  Und Delia, des Gastfreunds Tochter, der
  In meinem Hause gestern eingekehrt ist.   170
HERMOKRATES
  Ists Zufall? oder suchen sie ihn auch
  Und glauben, wie das Volk, er sei entschwunden?
KRITIAS
  Die wunderbare Sage kam bis itzt wohl nicht
  Vor meiner Tochter Ohren. Doch sie hängt
  An ihm wie alle: wär er nur hinweg   175
  In Wälder oder Wüsten, übers Meer
  Hinüber oder in die Erd hinab — wohin
  Ihn treiben mag der unbeschränkte Sinn.
HERMOKRATES
  Mitnichten! Denn sie müßten noch ihn sehn,
  Damit der wilde Wahn von ihnen weicht.   180
KRITIAS
  Wo ist er wohl?
HERMOKRATES Nicht fern von hier. Da sitzt
  Er seelenlos im Dunkel. Denn es haben
  Die Götter seine Kraft von ihm genommen,
  Seit jenem Tage, da der trunkne Mann
  Vor allem Volk sich einen Gott genannt.   185
KRITIAS
  Das Volk ist trunken, wie er selber ist.
  Sie hören kein Gesetz und keine Not
  Und keinen Richter; die Gebräuche sind
  Von unverständlichem Gebrause gleich

190   Den friedlichen Gestaden überschwemmt.
        Ein wildes Fest sind alle Tage worden,
        Ein Fest für alle Feste, und der Götter
        Bescheidne Feiertage haben sich
        In eins verloren. Allverdunkelnd hüllt
195   Der Zauberer den Himmel und die Erd
        Ins Ungewitter, das er uns gemacht,
        Und siehet zu und freut sich seines Geists
        In seiner stillen Halle.
        HERMOKRATES   Mächtig war
        Die Seele dieses Mannes unter euch.
        KRITIAS
200   Ich sage dir: sie wissen nichts denn ihn
        Und wünschen alles nur von ihm zu haben;
        Er soll ihr Gott, er soll ihr König sein.
        Ich selber stand in tiefer Scham vor ihm,
        Da er vom Tode mir mein Kind gerettet.
205   Wofür erkennst du ihn, Hermokrates?
        HERMOKRATES
        Es haben ihn die Götter sehr geliebt.
        Doch nicht ist er der erste, den sie drauf
        Hinab in sinnenlose Nacht verstoßen
        Vom Gipfel ihres gütigen Vertrauns,
210   Weil er des Unterschieds zu sehr vergaß
        Im übergroßen Glück, und sich allein
        Nur fühlte; so erging es ihm, er ist
        Mit grenzenloser Öde nun gestraft —
        Doch ist die letzte Stunde noch für ihn
215   Nicht da; denn noch erträgt der Langverwöhnte
        Die Schmach in seiner Seele nicht, sorg ich,
        Und sein entschlafner Geist entzündet
        Nun neu an seiner Rache sich,
        Und, halberwacht, ein fürchterlicher Träumer, spricht
220   Er gleich den alten Übermütigen,

Die mit dem Schilfrohr Asien durchwandern,
Durch sein Wort sei'n die Götter einst geworden.
Dann steht die weite lebensreiche Welt
Wie sein verlornes Eigentum vor ihm,
Und ungeheure Wünsche regen sich   225
In seiner Brust, und wo sie hin sich wirft,
Die Flamme, macht sie eine freie Bahn.
Und was vor ihm in guter Zeit gereift,
Gesetz und Kunst und Sitt' und heilge Sage,
Das wirft er um, und Lust und Frieden kann   230
Er nimmer dulden bei den Lebenden.
Er wird der Friedliche nun nimmer sein.
Wie alles sich verlor, so nimmt
Er alles wieder, und den Wilden hält
Kein Sterblicher in seinem Toben auf.   235

KRITIAS
O Greis! du siehest namenlose Dinge.
Dein Wort ist wahr, und wenn es sich erfüllt,
Dann wehe dir, Sizilien, so schön
Du bist mit deinen Hainen, deinen Tempeln.

HERMOKRATES
Der Spruch der Götter trifft ihn, eh sein Werk   240
Beginnt. Versammle nur das Volk, damit ich
Das Angesicht des Mannes ihnen zeige,
Von dem sie sagen, daß er aufgeflohn
Zum Aether sei. Sie sollen Zeugen sein
Des Fluches, den ich ihm verkündige,   245
Und ihn verstoßen in die öde Wildnis,
Damit er nimmerwiederkehrend dort
Die böse Stunde büße, da er sich
Zum Gott gemacht.

KRITIAS   Doch wenn des schwachen Volks
Der Kühne sich bemeistert, fürchtest du   250
Für mich und dich und deine Götter nicht?

HERMOKRATES
Das Wort des Priesters bricht den kühnen Sinn.

KRITIAS
Und werden sie den Langgeliebten dann,
Wenn schmählich er vom heilgen Fluche leidet,
255 Aus seinen Gärten, wo er gerne lebt,
Und aus der heimatlichen Stadt vertreiben?

HERMOKRATES
Wer darf den Sterblichen im Lande dulden,
Den so der wohlverdiente Fluch gezeichnet?

KRITIAS
Doch wenn du wie ein Lästerer erscheinst
260 Vor denen, die als einen Gott ihn achten?

HERMOKRATES
Der Taumel wird sich ändern, wenn sie erst
Mit Augen wieder sehen, den sie jetzt schon
Entschwunden in die Götterhöhe wähnen!
Sie haben schon zum Bessern sich gewandt.
265 Denn trauernd irrten gestern sie hinaus
Und gingen hier umher und sprachen viel
Von ihm, da ich desselben Weges kam.
Drauf sagt ich ihnen, daß ich heute sie
Zu ihm geleiten wollt; indessen soll
270 In seinem Hause jeder ruhig weilen.
Und darum bat ich dich, mit mir heraus
Zu kommen, daß wir sähen, ob sie mir
Gehorcht. Du findest keinen hier. Nun komm.

KRITIAS
Hermokrates!

HERMOKRATES   Was ists?

KRITIAS   Dort seh ich ihn
Wahrhaftig.

275 HERMOKRATES   Laß uns gehen, Kritias!
Daß er in seine Rede nicht uns zieht.

Dritter Auftritt

EMPEDOKLES (*allein*)

In meine Stille kamst du leise wandelnd,
Fandst drunten in der Grotte Dunkel mich aus,
Du Freundlicher! Du kamst nicht unverhofft,
Und fernher, oben über der Erde, vernahm   280
Ich wohl dein Wiederkehren, schöner Tag!
Und meine Vertrauten, euch, ihr schnellgeschäftgen
Kräfte der Höh! — und nahe seid auch ihr
Mir wieder, seid wie sonst, ihr Glücklichen,
Ihr irrelosen Bäume meines Hains!   285
Ihr wuchst indessen fort, und täglich tränkte
Des Himmels Quelle die Bescheidenen
Mit Licht, und Lebensfunken säte
Befruchtend auf die Blühenden der Aether.
O innige Natur! ich habe dich   290
Vor Augen; kennest du den Freund noch,
Den Hochgeliebten, kennest du mich nimmer?
Den Priester, der lebendigen Gesang,
Wie frohvergoßnes Opferblut, dir brachte?

O bei den heilgen Brunnen, wo sich still   295
Die Wasser sammeln, und die Dürstenden
Am heißen Tage sich verjüngen! in mir,
In mir, ihr Quellen des Lebens, strömtet ihr einst
Aus Tiefen der Welt zusammen und es kamen
Die Dürstenden zu mir — vertrocknet bin   300
Ich nun, und nimmer freun die Sterblichen
Sich meiner — bin ich ganz allein? und ist
Es Nacht hier oben auch am Tage?
Der Höhers, denn ein sterblich Auge, sah,
Der Blindgeschlagne tastet nun umher —   305
Wo seid ihr, meine Götter?

Weh, laßt ihr nun wie einen Bettler mich,
Und diese Brust, die liebend euch geahndet,
Was stoßt ihr sie hinab, die Freigeborne,
310 Und schloßt sie mir in schmählichenge Bande?
Und dulden sollt ichs nun so fort, der Langverwöhnte,
Wie die Schwächlinge, die im scheuen Tartarus
Geschmiedet sind ans alte Tagewerk?
Ich habe mich erkannt; ich will es! Luft will ich
315 Mir schaffen, ha! und tagen solls! Hinweg!
Bei meinem Stolz! ich werde nicht den Staub
Von diesem Pfade küssen, wo ich einst
In einem schönen Traume ging — es ist vorbei!
Und Abschied muß ich nehmen —
320 Ich war geliebt, geliebt von euch, ihr Götter,
Ach innig; wie ihr umeinander lebt,
So lebtet ihr in mir, so kannt ich euch.
O nein! es war
Kein Traum, an diesem Herzen fühlt ich dich,
325 Du stiller Aether! wenn der Sterblichen Irrsal
Mir an die Seele ging und heilend du
Die liebeswunde Brust umatmetest,
Du Allversöhner! und dieses Auge sah
Dein göttlich Wirken, allentfaltend Licht!
330 Und euch, ihr andern Ewigmächtigen! —
O Schattenbild! Es ist vorbei,
Und du, verbirg dirs nicht! du hast
Es selbst verschuldet, armer Tantalus!
Das Heiligtum hast du geschändet, hast
335 Mit frechem Stolz den schönen Bund entzweit,
Elender! Als die Genien der Welt
Voll Liebe sich in dir vergaßen, dachtst du
An dich und wähntest, karger Tor, an dich
Die Gütigen verkauft, daß sie dir,
340 Die Himmlischen, wie blöde Knechte dienten!

Ist nirgends ein Rächer,
Und muß ich denn allein den Hohn und Fluch
In meine Seele rufen? Und es reißt
Die delphische Krone mir kein Beßrer
Denn ich vom Haupt, und nimmt die Locken hinweg,   345
Wie es dem kahlen Seher gebührt —

VIERTER AUFTRITT

Empedokles. Pausanias

PAUSANIAS   O all
  Ihr himmlischen Mächte, was ist das?
EMPEDOKLES   Hinweg!
  Wer hat dich hergesandt? willst du das Werk
  Verrichten an mir? Ich will dir alles sagen,
  Wenn dus nicht weißt; dann richte was du tust   350
  Danach — Pausanias! o suche nicht
  Den Mann, an dem dein Herz gehangen, denn
  Er ist nicht mehr, und gehe, guter Jüngling!
  Dein Angesicht entzündet mir den Sinn,
  Und sei es Segen oder Fluch, von dir   355
  Ist beedes mir zu viel. Doch wie du willst!
PAUSANIAS
  Was ist geschehn? Ich habe lange dein
  Geharrt und dankte, da ich von ferne
  Dich sah, dem Tageslicht; da find ich so
  Vom Haupte bis zur Sohle dich zerschmettert.   360
  Warst du allein? Die Worte hört ich nicht,
  Doch schallt mir noch der fremde Todeston.
EMPEDOKLES
  Es war des Mannes Stimme, der sich mehr
  Denn Sterbliche gerühmt, weil ihn zu viel
  Beglückt die gütige Natur.

365 PAUSANIAS   Wie du
    Vertraut zu sein mit allen Göttlichen
    Der Welt, ist nie zu viel.

    EMPEDOKLES   So sagt ich auch,
     Du Guter! da der heilge Zauber noch
     Aus meinem Geiste nicht gewichen war,
370 Und da sie mich, den Innigliebenden,
     Noch liebten, sie, die Genien der Welt.
     O himmlisch Licht — es hatten michs
     Die Menschen nicht gelehrt — schon lange, da
     Mein sehnend Herz die Allebendige
375 Nicht finden konnte, da wandt ich mich zu dir,
     Hing, wie die Pflanze dir mich anvertrauend,
     In frommer Lust dir lange blindlings nach;
     Denn schwer erkennt der Sterbliche die Reinen.
     Doch als der Geist mir blühte, wie du selber blühst,
380 Da kannt ich dich, da rief ich es: Du lebst!
     Und wie du heiter wandelst um die Sterblichen,
     Und himmlischjugendlich den Schein
     Von dir auf jedes eigen überstrahlst,
     Daß alle deines Geistes Farbe tragen,
385 So ward auch mir das Leben zum Gedicht.
     Denn deine Seele war in mir, und offen gab
     Mein Herz, wie du, der ernsten Erde sich,
     Der Leidenden, und oft in heilger Nacht
     Gelobt ichs ihr, bis in den Tod
390 Die Schicksalvolle furchtlos treu zu lieben
     Und ihrer Rätsel keines zu verschmähn.
     So knüpft ich meinen Todesbund mit ihr.
     Da rauscht' es anders denn zuvor im Hain,
     Und zärtlich tönten ihrer Berge Quellen.
395 All deine Freuden, Erde! nicht wie du
     Sie lächelnd reichst den Schwächern — herrlich, wie
       sie sind,

Und warm und wahr aus Müh und Liebe reifen,
Sie alle gabst du mir; und wenn ich oft
Auf ferner Bergeshöhe saß und staunend
Des Lebens heilig Irrsal übersann,   400
Zu tief von deinen Wandlungen bewegt
Und eignes Schicksal ahndend,
Dann atmete der Aether, so wie dir,
Mir heilend um die liebeswunde Brust,
Und zauberisch in seine Tiefe lösten   405
Sich meine Rätsel auf —

PAUSANIAS   Du Glücklicher!

EMPEDOKLES

Ich wars! O könnt ichs sagen, wie es war,
Es nennen — das Wandeln und Wirken deiner Genius-
   kräfte,
Der Herrlichen, deren Genoß ich war, o Natur!
Könnt ichs noch *einmal* vor die Seele rufen,   410
Daß mir die stumme todesöde Brust
Von deinen Tönen allen widerklänge!
Bin ich es noch? o Leben! und rauschten sie mir,
All deine geflügelten Melodien, und hört
Ich deinen alten Einklang, große Natur?   415
Ach! ich, der allverlassene, lebt ich nicht
Mit dieser heilgen Erd und diesem Licht
Und dir, von dem die Seele nimmer läßt,
O Vater Aether! und allen Lebenden
In einigem gegenwärtigem Olymp? —   420
Nun wein ich, wie ein Ausgestoßener,
Und nirgend mag ich bleiben. Ach und du
Bist auch von mir genommen — sage nichts!
Die Liebe stirbt, sobald die Götter fliehn,
Das weißt du wohl; verlaß mich nun, ich bin   425
Es nimmer und ich hab an dir nichts mehr.

PAUSANIAS

Du bist es noch, so wahr du es gewesen.
Und laß michs sagen, unbegreiflich ist
Es mir, wie du dich selber so vernichtest.
430 Ich glaub es wohl, es schlummert deine Seele
Dir auch, zu Zeiten, wenn sie sich genug
Der Welt geöffnet, wie die Erde, die
Du liebst, sich oft in tiefe Ruhe schließt.
Doch nennest du sie tot, die Ruhende?

EMPEDOKLES

435 Wie du mit lieber Mühe Trost ersinnst!

PAUSANIAS

Du spottest wohl des Unerfahrenen
Und denkest, weil ich deines Glücks, wie du,
Nicht inne ward, so sag ich, da du leidest,
Nur ungereimte Dinge dir? Doch sah ich dich
440 In deinen Taten, da der wilde Staat von dir
Gestalt und Sinn gewann; in seiner Macht
Erfuhr ich deinen Geist und seine Welt, wenn oft
Ein Wort von dir im heilgen Augenblick
Das Leben vieler Jahre mir erschuf,
445 Daß eine neue schöne Zeit von da
Dem Jünglinge begann. Wie zahmen Hirschen,
Wenn ferne rauscht der Wald und sie der Heimat
    denken,
So schlug mir oft das Herz, wenn du vom Glück
Der alten Urwelt sprachst; und zeichnetest
450 Du nicht der Zukunft große Linien
Vor mir, so wie des Künstlers sichrer Blick
Ein fehlend Glied zum ganzen Bilde reiht?
Liegt nicht vor dir der Menschen Schicksal offen?
Und kennst du nicht die Kräfte der Natur,
455 Daß du vertraulich, wie kein Sterblicher,
Sie, wie du willst, in stiller Herrschaft lenkst?

EMPEDOKLES

Genug! du weißt es nicht, wie jedes Wort,
So du gesprochen, mir ein Stachel ist.

PAUSANIAS

So mußt du denn im Unmut alles hassen?

EMPEDOKLES

O ehre, was du nicht verstehst!

PAUSANIAS   Warum   460
Verbirgst du mirs, und machst dein Leiden mir
Zum Rätsel? Glaube! schmerzlicher ist nichts.

EMPEDOKLES

Und nichts ist schmerzlicher, Pausanias!
Denn Leiden zu enträtseln. Siehest du denn nicht?
Ach! lieber wäre mirs, du wüßtest nicht   465
Von mir und aller meiner Trauer. Nein!
Ich sollt es nicht aussprechen, heilge Natur!
Jungfräuliche, die dem rohen Sinn entflieht!
Verachtet hab ich dich, und mich allein
Zum Herrn gesetzt, ein übermütiger   470
Barbar! an eurer Einfalt hielt ich euch,
Ihr reinen immerjugendlichen Mächte!
Die mich mit Freud erzogen, mich mit Wonne
    genährt;
Und weil ihr immergleich mir wiederkehrtet,
Ihr Guten, ehrt ich eure Seele nicht!   475
Ich kannt es ja, ich hatt es ausgelernt,
Das Leben der Natur, wie sollt es mir
Noch heilig sein, wie einst! Die Götter waren
Mir dienstbar nun geworden, ich allein
War Gott, und sprachs im frechen Stolz heraus.   480
O glaub es mir, ich wäre lieber nicht
Geboren!

PAUSANIAS   Was? um eines Wortes willen?
Wie kannst so du verzagen, kühner Mann!

EMPEDOKLES
Um eines Wortes willen? ja. Und mögen
485 Die Götter mich zernichten, wie sie mich
Geliebt.

PAUSANIAS   So sprechen andre nicht, wie du.

EMPEDOKLES
Die andern! wie vermöchten sies?

PAUSANIAS   Ja wohl,
Du wunderbarer Mann! So innig liebt'
Und sah kein anderer die ewge Welt
490 Und ihre Genien und Kräfte nie,
Wie du, und darum sprachst das kühne Wort
Auch du allein, und darum fühlst du auch
So sehr, wie du mit *einer* stolzen Silbe
Vom Herzen aller Götter dich gerissen,
495 Und opferst liebend ihnen dich dahin,
O Empedokles! —

EMPEDOKLES   Siehe! was ist das?
Hermokrates, der Priester, und mit ihm
Ein Haufe Volks! und Kritias, der Archon.
Was suchen sie bei mir?

PAUSANIAS   Sie haben lang
500 Geforschet, wo du wärst.

FÜNFTER AUFTRITT

Empedokles. Pausanias. Hermokrates. Kritias. Agrigentiner

HERMOKRATES
Hier ist der Mann, von dem ihr sagt, er sei
Lebendig zum Olymp empor gegangen.

KRITIAS
Und traurig sieht er, gleich den Sterblichen.

EMPEDOKLES
    Ihr armen Spötter! ists erfreulich euch,
    Wenn einer leidet, der euch groß geschienen?   505
    Und achtet ihr, wie leichterworbnen Raub,
    Den Starken, wenn er schwach geworden ist?
    Euch reizt die Frucht, die reif zur Erde fällt;
    Doch glaubt es mir, nicht alles reift für euch.
EIN AGRIGENTINER
    Was hat er da gesagt?
EMPEDOKLES   Ich bitt euch, geht,   510
    Besorgt was euer ist, und menget euch
    Ins meinige nicht ein.—
HERMOKRATES   Doch hat ein Wort
    Der Priester dir dabei zu sagen!
EMPEDOKLES   Weh!
    Ihr reinen Götter! ihr lebendigen!
    Muß dieser Heuchler meine Trauer mir   515
    Vergiften? geh! ich schonte ja dich oft;
    So ist es billig, daß du meiner schonst.
    Du weißt es ja, ich hab es dir bedeutet,
    Ich kenne dich und deine schlimme Zunft;
    Und lange wars ein Rätsel mir, wie euch   520
    In ihrem Runde duldet die Natur.
    Ach! als ich noch ein Knabe war, da mied
    Euch Allverderber schon mein frommes Herz,
    Das unbestechbar innigliebend hing
    An Sonn und Aether und den Boten allen   525
    Der großen ferngeahndeten Natur.
    Denn wohl hab ichs gefühlt, in meiner Furcht,
    Daß ihr des Herzens freie Götterliebe
    Bereden möchtet zu gemeinem Dienst,
    Und daß ichs treiben sollte, so wie ihr.   530
    Hinweg! ich kann vor mir den Mann nicht sehn,
    Der Heiliges wie ein Gewerbe treibt.

Sein Angesicht ist falsch und kalt und tot,
Wie seine Götter sind. Was stehet ihr
Betroffen? gehet nun!
535 KRITIAS   Nicht eher bis
Der heilge Fluch die Stirne dir gezeichnet,
Schamloser Lästerer!
HERMOKRATES   Sei ruhig, Freund!
Ich hab es dir gesagt, es würde wohl
Der Unmut ihn ergreifen. — Mich verschmäht
540 Der Mann, das hörtet ihr, ihr Bürger
Von Agrigent! und harte Worte mag
Ich nicht mit ihm in wildem Zanke wechseln.
Es ziemt dem Greise nicht. Ihr möget nur
Ihn selber fragen, wer er sei?
EMPEDOKLES   O laßt!
545 Ihr seht es ja, es frommet keinem nichts,
Ein blutend Herz zu reizen. Gönnet mirs,
Den Pfad, worauf ich wandle, still zu gehn,
Den heilgen stillen Todespfad hinfort.
Ihr spannt das Opfertier vom Pfluge los,
550 Und nimmer trifft's der Stachel seines Treibers.
So schonet meiner auch; entwürdiget
Mein Leiden mir mit böser Rede nicht,
Denn heilig ists; und laßt die Brust mir frei
Von eurer Not; ihr Schmerz gehört den Göttern.
ERSTER AGRIGENTINER
555 Was ist es denn, Hermokrates, warum
Der Mann die wunderlichen Worte spricht?
ZWEITER AGRIGENTINER
Er heißt uns gehn, als scheut' er sich vor uns.
HERMOKRATES
Was dünket euch? der Sinn ist ihm verfinstert,
Weil er zum Gott sich selbst vor euch gemacht.
560 Doch weil ihr nimmer meiner Rede glaubt,

So fragt nur ihn darum. Er soll es sagen.

DRITTER AGRIGENTINER

Wir glauben dir es wohl.

PAUSANIAS   Ihr glaubt es wohl?

Ihr Unverschämten! — Euer Jupiter
Gefällt euch heute nicht; er siehet trüb;
Der Abgott ist euch unbequem geworden;   565
Und darum glaubt ihrs wohl? Da stehet er
Und trauert und verschweigt den Geist, wonach
In heldenarmer Zeit die Jünglinge
Sich sehnen werden, wenn er nimmer ist.
Und ihr, ihr kriecht und zischet um ihn her.   570
Ihr dürft es? und ihr seid so sinnengrob,
Daß euch das Auge dieses Manns nicht warnt?
Und weil er sanft ist, wagen sich an ihn
Die Feigen — heilige Natur! wie duldest
Du auch in deinem Runde dies Gewürm? —   575
Nun sehet ihr mich an und wisset nicht,
Was zu beginnen ist mit mir; ihr müßt
Den Priester fragen, ihn, der alles weiß.

HERMOKRATES

O hört, wie euch und mich ins Angesicht
Der freche Knabe schilt? Wie sollt er nicht?   580
Er darf es, da sein Meister alles darf.
Wer sich das Volk gewonnen, redet, was
Er will; das weiß ich wohl und strebe nicht
Aus eignem Sinn entgegen, weil es noch
Die Götter dulden. Vieles dulden sie   585
Und schweigen, bis ans Äußerste gerät
Der wilde Mut. Dann aber muß der Frevler
Rücklings hinab ins bodenlose Dunkel.

DRITTER AGRIGENTINER

Ihr Bürger! ich mag nichts mit diesen zween
Ins künftige zu schaffen haben.

590 ERSTER AGRIGENTINER   Sagt,
    Wie kam es denn, daß dieser uns betört?

ZWEITER AGRIGENTINER
    Sie müssen fort, der Jünger und der Meister.

HERMOKRATES
    So ist es Zeit! — Euch fleh ich an, ihr Furchtbarn!
    Ihr Rachegötter! — Wolken lenket Zeus
595   Und Wasserwogen zähmt Posidaon,
    Doch euch, ihr Leisewandelnden, euch ist
    Zur Herrschaft das Verborgene gegeben;
    Und wo ein Eigenmächtiger der Wieg
    Entsprossen ist, da seid ihr auch, und geht,
600   Indes er üppig auf zum Frevel wächst,
    Stillsinnend fort mit ihm, hinunterhorchend
    In seine Brust, wo euch den Götterfeind
    Die unbesorgt geschwätzige verrät —
    Auch den, ihr kanntet ihn, den heimlichen
605   Verführer, der die Sinne nahm dem Volk
    Und mit dem Vaterlandsgesetze spielt',
    Und sie, die alten Götter Agrigents
    Und ihre Priester niemals achtete;
    Und nicht verborgen war vor euch, ihr Furchtbarn!
610   Solang er schwieg, der ungeheure Sinn.
    Er hats vollbracht. Verruchter! wähntest du,
    Sie müßtens nachfrohlocken, da du jüngst
    Vor ihnen einen Gott dich selbst genannt?
    Dann hättest du geherrscht in Agrigent,
615   Ein einziger allmächtiger Tyrann,
    Und dein gewesen wäre, dein allein,
    Das gute Volk und dieses schöne Land.
    Sie schwiegen nur; erschrocken standen sie;
    Und du erblaßtest, und es lähmte dich
620   Der böse Gram in deiner dunkeln Halle,
    Wo du hinab dem Tageslicht entflohst.

Und kömmst du nun, und gießest über mich
Den Unmut aus, und lästerst unsre Götter?

ERSTER AGRIGENTINER
Nun ist es klar! er muß gerichtet werden.

KRITIAS
Ich hab es euch gesagt; ich traute nie   625
Dem Träumer.

EMPEDOKLES   O ihr Rasenden!

HERMOKRATES   Und sprichst
Du noch und ahndest nicht, du hast mit uns
Nichts mehr gemein, ein Fremdling bist du worden,
Und unerkannt bei allen Lebenden.
Die Quelle, die uns tränkt, gebührt dir nicht   630
Und nicht die Feuerflamme, die uns frommt,
Und was den Sterblichen das Herz erfreut,
Das nehmen die heilgen Rachegötter von dir.
Für dich ist nicht das heitre Licht hier oben,
Nicht dieser Erde Grün und ihre Frucht,   635
Und ihren Segen gibt die Luft dir nicht,
Wenn deine Brust nach Kühlung seufzt und dürstet.
Es ist umsonst, du kehrest nicht zurück
Zu dem, was unser ist; denn du gehörst
Den Rächenden, den heilgen Todesgöttern.   640
Und wehe dem, von nun an, wer ein Wort
Von dir in seine Seele freundlich nimmt,
Wer dich begrüßt, und seine Hand dir beut,
Wer einen Trunk am Mittag dir gewährt,
Und wer an seinem Tische dich erduldet,   645
Dir, wenn du nachts an seine Türe kömmst,
Den Schlummer unter seinem Dache schenkt,
Und, wenn du stirbst, die Grabesflamme dir
Bereitet, wehe dem, wie dir! — Hinaus!
Es dulden die Vaterlandsgötter länger nicht,   650
Wo ihre Tempel sind, den Allverächter.

AGRIGENTINER

Hinaus, damit sein Fluch uns nicht beflecke!

PAUSANIAS

O komm! du gehest nicht allein. Es ehrt
Noch *einer* dich, wenns schon verboten ist,
655 Du Lieber! und du weißt, des Freundes Segen
Ist kräftiger denn dieses Priesters Fluch.
O komm in fernes Land! wir finden dort
Das Licht des Himmels auch, und bitten will ich,
Daß freundlich dirs in deiner Seele scheine.
660 Im heiter stolzen Griechenlande drüben,
Da grünen Hügel auch, und Schatten gönnt
Der Ahorn dir, und milde Lüfte kühlen
Den Wanderern die Brust; und wenn du müd
Vom heißen Tag an fernem Pfade sitzest,
665 Mit diesen Händen schöpf ich dann den Trunk
Aus frischer Quelle dir und sammle Speisen,
Und Zweige wölb ich über deinem Haupt,
Und Moos und Blätter breit ich dir zum Lager,
Und wenn du schlummerst, so bewach ich dich;
670 Und muß es sein, bereit ich dir auch wohl
Die Grabesflamme, die sie dir verwehren,
Die Schändlichen!

EMPEDOKLES   Oh! treues Herz! — Für mich,
Ihr Bürger! bitt ich nichts; es sei geschehn!
Ich bitt euch nur um dieses Jünglings willen.
675 O wendet nicht das Angesicht von mir!
Bin ich es nicht, um den ihr liebend sonst
Euch sammeltet? ihr selber reichtet da
Mir auch die Hände nicht, unziemlich dünkt'
Es euch, zum Freund euch wild heranzudrängen.
680 Doch schicktet ihr die Knaben, daß sie mir
Die Hände reichten, diese Friedlichen,
Und auf den Schultern brachtet ihr die Kleinern

Und hubt mit euern Armen sie empor —
Bin ich es nicht? und kennt ihr nicht den Mann,
Dem ihr gesagt, ihr könntet, wenn ers wollte,   685
Von Land zu Land mit ihm, als Bettler, gehn,
Und, wenn es möglich wäre, folgtet ihr
Ihm auch hinunter in den Tartarus?
Ihr Kinder! alles wolltet ihr mir schenken
Und zwangt mich töricht oft, von euch zu nehmen,   690
Was euch das Leben heitert' und erhielt;
Dann gab ich euchs vom Meinigen zurück,
Und mehr, denn eures, achtetet ihr dies.
Nun geh ich fort von euch; versagt mir nicht
Die *eine* Bitte: schonet dieses Jünglings!   695
Er tat euch nichts zu Leid; er liebt mich nur,
Wie ihr mich auch geliebt; und saget selbst,
Ob er nicht edel ist und schön! Und wohl
Bedürft ihr künftig seiner, glaubt es mir!
Oft sagt ich euchs: es würde nacht und kalt   700
Auf Erden und in Not verzehrte sich
Die Seele, sendeten zu Zeiten nicht
Die guten Götter solche Jünglinge,
Der Menschen welkend Leben zu erfrischen.
Und heilig halten, sagt ich, solltet ihr   705
Die heitern Genien — o schonet sein
Und rufet nicht das Weh! versprecht es mir!
DRITTER AGRIGENTINER
  Hinweg! wir hören nichts von allem, was
  Du sagst.
HERMOKRATES
          Dem Knaben muß geschehn, wie ers
  Gewollt. Er mag den frechen Mutwill büßen.   710
  Er geht mit dir, und dein Fluch ist der seine.
EMPEDOKLES
  Du schweigest, Kritias! verbirg es nicht,

Dich trifft es auch; du kanntest ihn, nicht wahr?
Die Sünde löschten Ströme nicht von Blut
715 Der Tiere. Ich bitte, sag es ihnen, Lieber!
Sie sind wie trunken, sprich ein ruhig Wort,
Damit der Sinn den Armen wiederkehre!

ZWEITER AGRIGENTINER
Noch schilt er uns? Gedenke deines Fluchs
Und rede nicht und geh! wir möchten sonst
An dich die Hände legen.

720 KRITIAS   Wohl gesagt,
Ihr Bürger!

EMPEDOKLES   So! — und möchtet ihr an mich
Die Hände legen? was? gelüstet es
Bei meinem Leben schon die hungernden
Harpyen? und könnt ihrs nicht erwarten, bis
725 Der Geist entflohn ist, mir die Leiche zu schänden?
Heran! Zerfleischt und teilet die Beut und es segne
Der Priester euch den Genuß, und seine Vertrauten,
Die Rachegötter lad er zum Mahl! — Dir bangt,
Heilloser! kennst du mich? und soll ich dir
730 Den bösen Scherz verderben, den du treibst?
Bei deinem grauen Haare, Mann! du solltest
Zu Erde werden, denn du bist sogar
Zum Knecht der Furien zu schlecht. O sieh!
So schändlich stehst du da, und durftest doch
735 An mir zum Meister werden? Freilich ists
Ein ärmlich Werk, ein blutend Wild zu jagen!
Ich trauerte, das wußte der, da wuchs
Der Mut dem Feigen; da erhascht er mich
Und hetzt des Pöbels Zähne mir aufs Herz.
740 O wer, wer heilt den Geschändeten nun, wer nimmt
Ihn auf, der heimatlos der Fremden Häuser
Mit den Narben seiner Schmach umirrt, die Götter
Des Hains fleht, ihn zu bergen — komme, Sohn!

Sie haben wehe mir getan, doch hätt
Ichs wohl vergessen, aber dich? — Ha, geht   745
Nur immerhin zugrund, ihr Namenlosen!
Sterbt langsamen Tods, und euch geleite
Des Priesters Rabengesang! und weil sich Wölfe
Versammeln da, wo Leichname sind, so finde sich
Dann einer auch für euch; der sättige   750
Von eurem Blute sich, der reinige
Sizilien von euch; es stehe dürr
Das Land, wo sonst die Purpurtraube gern
Dem bessern Volke wuchs und goldne Frucht
Im dunkeln Hain, und edles Korn; und fragen   755
Wird einst der Fremde, wenn er auf den Schutt
Von euern Tempeln tritt, ob da die Stadt
Gestanden? Gehet nun! Ihr findet mich
In einer Stunde nimmer. — (*Indem sie abgehn*) Kritias!
Dir möcht ich wohl ein Wort noch sagen.
PAUSANIAS (*nachdem Kritias zurück ist*)   Laß   760
Indessen mich zum alten Vater gehn
Und Abschied nehmen.
EMPEDOKLES   O warum? was tat
Der Jüngling euch, ihr Götter! Gehe denn,
Du Armer! Draußen wart ich, auf dem Wege
Nach Syrakus; dann wandern wir zusammen.   765

(*Pausanias geht auf der andern Seite ab.*)

SECHSTER AUFTRITT

Empedokles. Kritias

KRITIAS
Was ists?
EMPEDOKLES
        Auch du verfolgest mich?

KRITIAS   Was soll
Mir das?

EMPEDOKLES
          Ich weiß es wohl! du möchtest gern
Mich hassen, dennoch hassest du mich nicht:
Du fürchtest nur; du hattest nichts zu fürchten.

KRITIAS
Es ist vorbei. Was willst du noch?

770 EMPEDOKLES   Du hättst
Es selber nie gedacht, der Priester zog
In seinen Willen dich; du klage dich
Nicht an; o hättst du nur ein treues Wort
Für *ihn* gesprochen, doch du scheuetest
Das Volk.

775 KRITIAS   Sonst hattest du mir nichts
Zu sagen? überflüssiges Geschwätz
Hast du von je geliebt.

EMPEDOKLES   O rede sanft,
Ich habe deine Tochter dir gerettet.

KRITIAS
Das hast du wohl.

EMPEDOKLES   Du sträubst und schämest dich,
780 Mit dem zu reden, dem das Vaterland geflucht.
Ich will es gerne glauben. Denke dir,
Es rede nun mein Schatte, der geehrt
Vom heitern Friedenslande wiederkehre —

KRITIAS
Ich wäre nicht gekommen, da du riefst,
785 Wenn nicht das Volk zu wissen wünschte, was
Du noch zu sagen hättest.

EMPEDOKLES   Was ich dir
Zu sagen habe, geht das Volk nichts an.

KRITIAS
Was ist es dann?

EMPEDOKLES
    Du mußt hinweg aus diesem Land; ich sag
    Es dir um deiner Tochter willen.
KRITIAS   Denk an dich   790
    Und sorge nicht für anders!
EMPEDOKLES   Kennest du
    Sie nicht? Und ist dirs unbewußt, wie viel
    Es besser ist, daß eine Stadt voll Toren
    Versinkt, denn *ein* Vortreffliches?
KRITIAS   Was sollt
    In diesem Land ihr fehlen? Denkest du,   795
    Weil du im Lande nicht, so könnte Gutes nicht
    Darin bestehen?
EMPEDOKLES   Kennest du sie nicht?
    Und tastest wie ein Blinder an, was dir
    Die Götter gaben? und es leuchtet dir
    In deinem Haus umsonst das holde Licht?   800
    Ich sag es dir: bei diesem Volke findet
    Das fromme Leben seine Ruhe nicht,
    Und einsam bleibt es dir, so schön es ist,
    Und stirbt dir freudenlos; denn nie begibt
    Die zärtlichernste Göttertochter sich,   805
    Barbaren an das Herz zu nehmen, glaub
    Es mir! Es reden wahr die Scheidenden.
    Und wundere des Rats dich nicht!
KRITIAS   Was soll
    Ich nun dir sagen?
EMPEDOKLES   Gehe hin mit ihr
    In heilges Land, nach Elis oder Delos,   810
    Wo jene wohnen, die sie liebend sucht,
    Wo stillvereint die Bilder der Heroen
    Im Lorbeerwalde stehn. Dort wird sie ruhn,
    Dort bei den schweigenden Idolen wird
    Der schöne Sinn, der zartgenügsame,   815

Sich stillen; bei den edeln Schatten wird
Das Leid entschlummern, das geheim sie hegt
In frommer Brust. Wenn dann am heitern Festtag
Sich Hellas' schöne Jugend dort versammelt,
820 Und um sie her die Fremdlinge sich grüßen,
Und hoffnungsfrohes Leben überall
Wie goldenes Gewölk das stille Herz
Umglänzt, dann weckt dies Morgenrot
Zur Lust wohl auch die fromme Träumerin,
825 Und von den Besten einen, die Gesang
Und Kranz in edlem Kampf gewannen, wählt
Sie sich, daß er den Schatten sie entführe,
Zu denen sie zu frühe sich gesellt.
Gefällt dir das, so folge mir —

KRITIAS

830 Hast du der goldnen Worte noch so viel
In deinem Elend übrig?

EMPEDOKLES   Spotte nicht!
Die Scheidenden verjüngen alle sich
Noch *einmal* gern. Der Sterbeblick ists nur
Des Lichts, das freudig einst in seiner Kraft
835 Geleuchtet unter euch. Es lösche freundlich,
Und hab ich euch geflucht, so mag dein Kind
Den Segen haben, wenn ich segnen kann.

KRITIAS

O laß, und mache mich zum Knaben nicht.

EMPEDOKLES

Versprich es mir und tue, was ich riet,
840 Und geh aus diesem Land. Verweigerst dus,
So mag die Einsame den Adler bitten,
Daß er hinweg von diesen Knechten sie
Zum Aether rette! Bessers weiß ich nicht.

KRITIAS
  O sage, haben wir nicht recht an dir
Getan?
EMPEDOKLES
        Was fragst du nun? Ich hab es dir   845
Vergeben. Aber folgst du mir?
KRITIAS   Ich kann
So schnell nicht wählen.
EMPEDOKLES   Wähle gut,
  Sie soll nicht bleiben, wo sie untergeht.
Und sag es ihr, sie soll des Mannes denken,
Den einst die Götter liebten. Willst du das?   850
KRITIAS
  Wie bittest du? Ich will es tun. Und geh
Du deines Weges nun, du Armer! *(Geht ab.)*

SIEBENTER AUFTRITT

EMPEDOKLES   Ja!
  Ich gehe meines Weges, Kritias,
Und weiß, wohin. Und schämen muß ich mich,
Daß ich gezögert bis zum Äußersten.   855
Was mußt ich auch so lange warten,
Bis Glück und Geist und Jugend wich, und nichts
Wie Torheit überblieb und Elend.
Wie oft, wie oft hat dichs gemahnt! Da wär
Es schön gewesen. Aber nun ists not!   860
O stille! gute Götter! immer eilt
Den Sterblichen das ungeduldge Wort
Voraus und läßt die Stunde des Gelingens
Nicht unbetastet reifen. Manches ist
Vorbei; und leichter wird es schon. Es hängt   865
An allem fest der alte Tor! und da

Er einst gedankenlos, ein stiller Knab,
Auf seiner grünen Erde spielte, war
Er freier, denn er ist; o scheiden! — selbst
870 Die Hütte, die mich hegte, lassen sie
Mir nicht. — Auch dies noch? Götter!

ACHTER AUFTRITT

Empedokles. Drei Sklaven des Empedokles

ERSTER SKALVE   Gehst du, Herr?
EMPEDOKLES
    Ich gehe freilich, guter . . . !
    Und hole mir das Reisgerät, soviel
    Ich selber tragen kann, und bring es noch
875 Mir auf die Straße dort hinaus — es ist
    Dein letzter Dienst!
ZWEITER SKLAVE   O Götter!
EMPEDOKLES   Immer seid
    Ihr gern um mich gewesen, denn ihr warts
    Gewohnt, von lieber Jugend her, wo wir
    Zusammen auf in diesem Hause wuchsen,
880 Das meinem Vater war und mir, und fremd
    Ist meiner Brust das herrischkalte Wort.
    Ihr habt der Knechtschaft Schicksal nie gefühlt.
    Ich glaub es euch, ihr folgtet gerne mir,
    Wohin ich muß. Doch kann ich es nicht dulden,
885 Daß euch der Fluch des Priesters ängstige.
    Ihr wißt ihn wohl? Die Welt ist aufgetan
    Für euch und mich, ihr Kinder, und es sucht
    Nun jeder sich sein eigen Glück —
DRITTER SKLAVE   O nein!
    Wir lassen nicht von dir. Wir könnens nicht.

ZWEITER SKLAVE
Was weiß der Priester, wie du lieb uns bist.   890
Verbiet ers andern! uns verbeut ers nicht.
ERSTER SKLAVE
Gehören wir zu dir, so laß uns auch
Bei dir! Ists doch von gestern nicht, daß wir
Mit dir zusammen sind, du sagst es selber.
EMPEDOKLES
O Götter! bin ich kinderlos und leb   895
Allein mit diesen drein, und dennoch häng
Ich hingebannt an dieser Ruhestätte,
Gleich Schlafenden, und ringe, wie im Traum.
Hinweg! Es kann nicht anders sein, ihr Guten!
O sagt mir nun nichts mehr, ich bitt euch das,   900
Und laßt uns tun, als wären wir es nimmer.
Ich will es ihm nicht gönnen, daß der Mann
Mir alles noch verfluche, was mich liebt —
Ihr gehet nicht mit mir; ich sag es euch.
Hinein! und nimmt das Beste, was ihr findet,   905
Und zaudert nicht und flieht; es möchten sonst
Die neuen Herrn des Hauses euch erhaschen,
Und eines Feigen Knechte würdet ihr.
ZWEITER SKLAVE
Mit harter Rede schickest du uns weg?
EMPEDOKLES
Ich tu es dir und mir — ihr Freigelaßnen!   910
Ergreift mit Mannes Kraft das Leben, laßt
Die Götter euch mit Ehre trösten; ihr
Beginnt nun erst. Es gehen Menschen auf
Und nieder. Weilet nun nicht länger! Tut,
Was ich gesagt.
ERSTER SKLAVE Herr meines Herzens! leb   915
Und geh nicht unter!
DRITTER SKLAVE   Sage, werden wir

Dich nimmer sehn?

EMPEDOKLES   O fraget nicht, es ist
Umsonst. (*Mit Macht gebietend*)

ZWEITER SKLAVE (*im Abgehn*)

    Ach! wie ein Bettler soll er nun das Land

920   Durchirren und des Lebens nirgend sicher sein?

EMPEDOKLES (*sieht ihnen scheigend nach*)

                  Lebt wohl! ich hab
    Euch schnöd hinweggeschickt, lebt wohl, ihr Treuen!
    Und du, mein väterliches Haus, wo ich erwuchs
    Und blüht'! — ihr lieben Bäume! vom Freudengesang

925   Des Götterfreunds geheiligt, ruhige
    Vertraute meiner Ruh! o sterbt und gebt
    Den Lüften zurück das Leben, denn es scherzt
    Das rohe Volk in eurem Schatten nun,
    Und wo ich selig ging, da spotten sie meiner.

930   Weh! ausgestoßen, ihr Götter? und ahmte
    Was ihr mir tut, ihr Himmlischen, der Priester,
    Der Unberufene, seellos nach? ihr ließt
    Mich einsam, mich, der euch geschmäht, ihr Lieben!
    Und dieser wirft zur Heimat mich hinaus,

935   Und der Fluch hallt, den ich selber mir gesprochen,
    Mir ärmlich aus des Pöbels Munde wider?
    Ach! der einst innig mit euch, ihr Seligen,
    Gelebt, und sein die Welt genannt aus Freude,
    Hat nun nicht, wo er seinen Schlummer find',

940   Und in sich selber kann er auch nicht ruhn.
    Wohin denn nun, ihr Pfade der Sterblichen? viel
    Sind euer, wo ist der meine? der kürzeste? wo?
    Der schnellste? denn zu zögern ist Schmach.
    Ach meine Götter! im Stadium lenkt ich den Wagen

945   Einst unbekümmert auf rauchendem Rad. So will
    Ich bald zu euch zurück, ist gleich die Eile gefährlich.
    (*Geht ab.*)

NEUNTER AUFTRITT

Panthea. Delia

DELIA   Stille, liebes Kind!
Und halt den Jammer! daß uns niemand höre.
Ich will hinein ins Haus. Vielleicht er ist
Noch drinnen und du siehst noch *einmal* ihn.   950
Nur bleibe still indessen — kann ich wohl
Hinein?
PANTHEA   O tu es, liebe Delia.
Ich bet indes um Ruhe, daß mir nicht
Das Herz vergeht, wenn ich den hohen Mann
In dieser bittern Schicksalsstunde sehe.   955
DELIA
O Panthea! (*Delia geht hinein.*)
PANTHEA (*allein, nach einigem Stillschweigen*)
         Ich kann nicht — ach, es wär
Auch Sünde, da gelassener zu sein!
Verflucht? ich faß es nicht, und wirst auch wohl
Die Sinne mir zerreißen, schwarzes Rätsel!
Wie wird er sein?

    (*Pause. Erschrocken zu Delia, die wieder zurückkommt*)

         Wie ists?
DELIA   Ach! alles tot   960
Und öde!
PANTHEA   Fort?
DELIA   Ich fürcht es. Offen sind
Die Türen; aber niemand ist zu sehn.
Ich rief, da hört ich nur den Widerhall
Im Hause; länger bleiben mocht ich nicht —
Ach! stumm und blaß ist sie und siehet fremd   965

Mich an, die Arme. Kennest du mich nimmer?
Ich will es mit dir dulden, liebes Herz!

PANTHEA
Nun! komme nur!

DELIA   Wohin?

PANTHEA   Wohin? ach! das,
Das weiß ich freilich nicht, ihr guten Götter!
970 Weh! keine Hoffnung! und du leuchtest mir
Umsonst, o goldnes Licht dort oben? fort
Ist er — wie soll die Einsame denn wissen,
Warum ihr noch die Augen helle sind.
Es ist nicht möglich, nein! zu frech
975 Ist diese Tat, zu ungeheuer, und ihr habt
Es doch getan. Und leben muß ich noch
Und stille sein bei diesen? weh! und weinen,
Nur weinen kann ich über alles das!

DELIA
O weine nur! du Liebe, besser ists
Denn schweigen oder reden.

980 PANTHEA   Delia!
Da ging er sonst! und dieser Garten war
Um seiner willen mir so wert. Ach oft,
Wenn mir das Leben nicht genügt', und ich,
Die Ungesellige, betrübt mit andern
985 Um unsre Hügel irrte, sah ich her
Nach dieser Bäume Gipfeln, dachte, dort
Ist *einer* doch! — Und meine Seele richtet'
An ihm sich auf.

DELIA   Es ist ein großer Mann
Gefallen.

PANTHEA
990 Ach! hundertjährgen Frühling wünscht ich oft,
Ich Törige, für ihn und seine Gärten!

DELIA

    O konntet ihr die zarte Freude nicht
    Ihr lassen, gute Götter!

PANTHEA   Sagst du das?

    Wie eine neue Sonne kam er uns
    Und strahlt' und zog das ungereifte Leben   995
    An goldnen Seilen freundlich zu sich auf.
    Und lange hatt auf ihn Sizilien
    Gewartet. Niemals herrscht' auf dieser Insel
    Ein Sterblicher wie er; sie fühltens wohl,
    Er lebe mit den Genien der Welt   1000
    Im Bunde. Seelenvoller! und du nahmst
    Sie all ans Herz, weh! mußt du nun dafür
    Geschändet fort von Land zu Lande ziehn,
    Das Gift im Busen, das sie mitgegeben? Ihr Blumen
    Des Himmels! schöne Sterne, werdet ihr   1005
    Denn auch verblühn? und wird es Nacht alsdann
    In deiner Seele werden, Vater Aether!
    Wenn deine Jünglinge, die Glänzenden,
    Erloschen sind vor dir? Ich weiß, es muß,
    Was göttlich ist, hinab. Zur Seherin   1010
    Bin ich geworden über seinem Fall,
    Und wo mir noch ein schöner Genius
    Begegnet, nenn er Mensch sich oder Gott,
    Ich weiß die Stunde, die ihm nicht gefällt. —

DELIA

    O Panthea! mich schröckt es, wenn du so   1015
    Dich deiner Klagen überhebst. Ist er
    Denn auch wie du, daß er den stolzen Geist
    Am Schmerze nährt und heftger wird im Leiden?
    Ich mags nicht glauben, denn ich fürchte das.
    Was müßt er auch beschließen?

PANTHEA   Ängstigest   1020

    Du *mich*? Was hab ich denn gesagt? Ich will

Auch nimmer — ja, geduldig will ich sein,
Ihr Götter! will vergebens nun nicht mehr
Erstreben, was ihr ferne mir gerückt,
1025 Und was ihr geben mögt, das will ich nehmen.
Du Heiliger! und find ich nirgends dich,
So kann ich mich auch freuen, daß du da
Gewesen. Ruhig will ich sein, es möcht
Aus wildem Sinne mir das edle Bild
1030 Entfliehn, und daß mir nur der Tageslärm
Den brüderlichen Schatten nicht verscheuche,
Der, wo ich leise wandle, mich geleitet.

DELIA
Du liebe Träumerin! er lebt ja noch.

PANTHEA
Er lebt? ja wohl! er lebt! er geht
1035 Im weiten Felde Nacht und Tag. Sein Dach
Sind Wetterwolken und der Boden ist
Sein Lager. Winde krausen ihm das Haar,
Und Regen träuft mit seinen Tränen ihm
Vom Angesicht, und seine Kleider trocknet
1040 Am heißen Mittag ihm die Sonne wieder,
Wenn er im schattenlosen Sande geht.
Gewohnte Pfade sucht er nicht; im Fels
Bei denen, die von Beute sich ernähren,
Die fremd, wie er, und allverdächtig sind,
1045 Da kehrt er ein, die wissen nichts vom Fluch,
Die reichen ihm von ihrer rohen Speise,
Daß er zur Wanderung die Glieder stärkt.
So lebt er! weh! und das ist nicht gewiß!

DELIA
Ja, es ist schröcklich, Panthea.

PANTHEA   Ists schröcklich?
1050 Du arme Trösterin! vielleicht, es währt
Nicht lange mehr, so kommen sie und sagen

Einander sichs, wenn es die Rede gibt,
Daß er erschlagen auf dem Wege liege.
Es duldens wohl die Götter, haben sie
Doch auch geschwiegen, da man ihn mit Schmach   1055
Ins Elend fort aus seiner Heimat warf.
O du! — wie wirst du enden? müde ringst
Du schon am Boden fort, du stolzer Adler!
Und zeichnest deinen Pfad mit Blut, und bald
Erhascht der feigen Jäger einer dich,   1060
Zerschlägt am Felsen dir dein sterbend Haupt —
Und Jovis Liebling nanntet ihr ihn doch?

DELIA

Ach lieber schöner Geist! nur so nicht!
Nur solche Worte nicht! Wenn du es wüßtest,
Wie mich die Sorg um dich ergreift! Ich will   1065
Auf meinen Knien dich bitten, wenn es hilft.
Besänftige dich nur. Wir wollen fort.
Es kann noch viel sich ändern, Panthea.
Vielleicht bereut es bald das Volk. Du weißt
Es ja, wie sie ihn liebten. Komm! ich wend   1070
An deinen Vater mich und helfen sollst
Du mir. Wir können ihn vielleicht gewinnen.

PANTHEA

O wir, wir sollten das, ihr Götter!

ZWEITER AKT

Gegend am Aetna. Bauernhütte

ERSTER AUFTRITT

Empedokles. Pausanias

EMPEDOKLES
Wie ists mit dir?
PAUSANIAS   O das ist gut,
1075   Daß du ein Wort doch redest, Lieber!
Denkst du es auch? hier oben waltet wohl
.Der Fluch nicht mehr und unser Land ist ferne.
Auf diesen Höhen atmet leichter sichs,
Und auf zum Tage darf das Auge doch
1080   Nun wieder blicken und die Sorge wehrt
Den Schlaf uns nicht, es reichen auch vielleicht
Gewohnte Kost uns Menschenhände wieder.
Du brauchst der Pflege, Lieber! und es nimmt
Der heilge Berg, der väterliche, wohl
1085   In seine Ruh die umgetriebnen Gäste.
Willst du, so bleiben wir auf eine Zeit
In dieser Hütte — darf ich rufen, ob
Sie uns vielleicht den Aufenthalt vergönnen?
EMPEDOKLES
Versuch es nur! sie kommen schon heraus.

ZWEITER AUFTRITT

Die Vorigen. Ein Bauer

BAUER
1090   Was wollt ihr? Dort hinunter geht
Die Straße.

PAUSANIAS   Gönn uns Aufenthalt bei dir
Und scheue nicht das Aussehn, guter Mann.
Denn schwer ist unser Weg und öfters scheint
Der Leidende verdächtig — mögen dirs
Die Götter sagen, welcher Art wir sind.   1095

BAUER
Es stand wohl besser einst mit euch denn itzt,
Ich will es gerne glauben. Doch es liegt
Die Stadt nicht fern; ihr solltet doch daselbst
Auch einen Gastfreund haben. Besser wärs,
Zu dem zu kommen, denn zu Fremden.

PAUSANIAS   Ach!   1100
Es schämte leicht der Gastfreund unser sich,
Wenn wir zu ihm in unsrem Unglück kämen.
Und gibt uns doch der Fremde nicht umsonst
Das Wenige, warum wir ihn gebeten.

BAUER
Wo kommt ihr her?

PAUSANIAS   Was nützt es, das zu wissen?   1105
Wir geben Gold und du bewirtest uns.

BAUER
Wohl öffnet manche Türe sich dem Golde,
Nur nicht die meine. Was ist das? so reich'

PAUSANIAS
Uns Brot und Wein und fodre was du willst.

BAUER
Das findet ihr an andrem Orte besser.   1110

PAUSANIAS
O das ist hart! Doch gibst du mir vielleicht
Ein wenig Leinen, daß ichs diesem Mann
Um seine Füße winde, blutend sind
Vom Felsenpfade sie — o siehe nur
Ihn an! der gute Geist Siziliens ists   1115
Und mehr denn eure Fürsten! und er steht

DTDE—G

Vor deiner Türe kummerbleich und bettelt
Um deiner Hütte Schatten und um Brot,
Und du versagst es ihm? und todesmüd
1120 Und dürstend lässest du ihn draußen stehn
An diesem Tage, wo das harte Wild
Zur Höhle sich vorm Sonnenbrande flüchtet?

BAUER
Ich kenn euch. Wehe! das ist der Verfluchte
Von Agrigent. Es ahndete mir gleich.
Hinweg!

PAUSANIAS
1125   Beim Donnerer! nicht hinweg! — er soll
Für dich mir bürgen, lieber Heiliger!
Indes ich geh und Nahrung suche. Ruh
An diesem Baum — und höre du! wenn ihm
Ein Leid geschieht, es sei von wem es wolle,
1130 So komm ich über Nacht, und brenne dir,
Eh du es denkst, dein strohern Haus zusammen!
Erwäge das! (*Bauer geht ab.*)

DRITTER AUFTRITT

Empedokles. Pausanias

EMPEDOKLES Sei ohne Sorge, Sohn!
PAUSANIAS
Wie sprichst du so? ist doch dein Leben mir
Der lieben Sorge wert! und dieser denkt,
1135 Es wäre nichts am Manne zu verderben,
Dem solch ein Wort gesprochen ward wie dir,
Und leicht gelüstet sies, und wär es nur
Um seines Mantels wegen, ihn zu töten.
Denn ungereimt ists ihnen, daß er noch

Gleich Lebenden umhergeht; weißt du das   1140
Denn nicht?

EMPEDOKLES   O ja, ich weiß es.

PAUSANIAS   Lächelnd sagst
Du das? o Empedokles!

EMPEDOKLES   Treues Herz!
Ich habe wehe dir getan. Ich wollt
Es nicht.

PAUSANIAS   Ach! ungeduldig bin ich nur.

EMPEDOKLES
Sei ruhig meinetwegen, Lieber! bald   1145
Ist dies vorüber.

PAUSANIAS   Sagst du das?

EMPEDOKLES   Du wirst
Es sehn.

PAUSANIAS   Wie ist dir? soll ich nun ins Feld
Nach Speise gehn? wenn du es nicht bedarfst,
So bleib ich lieber. Oder besser ists,
Wir gehn und suchen einen Ort zuvor   1150
Für uns im Berge.

EMPEDOKLES   Siehe! nahe blinkt
Ein Wasserquell; der ist auch unser. Nimm
Dein Trinkgefäß, die hohle Kürbis, daß der Trank
Die Seele mir erfrische.

PAUSANIAS (*an der Quelle*)   Klar und kühl
Und rege sproßts aus dunkler Erde, Vater!   1155

EMPEDOKLES
Erst trinke du. Dann schöpf und bring es mir.

PAUSANIAS (*indem er ihm es reicht*)
Die Götter segnen dirs.

EMPEDOKLES   Ich trink es euch!
Ihr alten Freundlichen! ihr meine Götter!
Und meiner Wiederkehr, Natur! Schon ist
Es anders. O ihr Gütigen! und eh   1160

Ich komme, seid ihr da? und blühen soll
Es, eh es reift! — sei ruhig, Sohn! und höre,
Wir sprechen vom Geschehenen nicht mehr.

PAUSANIAS
Du bist verwandelt und dein Auge glänzt
1165   Wie eines Siegenden. Ich faß es nicht.

EMPEDOKLES
Wir wollen noch, wie Jünglinge, den Tag
Zusammensein, und vieles reden. Findet
Doch leicht ein heimatlicher Schatte sich,
Wo unbesorgt die treuen Langvertrauten
1170   Beisammen sind in liebendem Gespräch —
Mein Liebling! haben wir, wie gute Knaben
An *einer* Traub, am schönen Augenblick
Das liebe Herz so oft gesättiget,
Und mußtest du bis hier mich hergeleiten,
1175   Daß unsrer Feierstunden keine sich,
Auch diese nicht, uns ungeteilt verlöre?
Wohl kauftest du um schwere Mühe sie,
Doch geben mirs auch nicht umsonst die Götter.

PAUSANIAS
O sage mir es ganz, daß ich wie du
Mich freue.

1180 EMPEDOKLES   Siehest du denn nicht? Es kehrt
Die schöne Zeit von meinem Leben heute
Noch einmal wieder und das Größre steht
Bevor; hinauf, o Sohn, zum Gipfel
Des alten heilgen Aetna wollen wir.
1185   Denn gegenwärtger sind die Götter auf den Höhn.
Da will ich heute noch mit diesen Augen
Die Ströme sehn und Inseln und das Meer.
Da segne zögernd über goldenen
Gewässern mich das Sonnenlicht beim Scheiden,
1190   Das herrlich jugendliche, das ich einst

Zuerst geliebt. Dann glänzt um uns und schweigt
Das ewige Gestirn, indes herauf
Der Erde Glut aus Bergestiefen quillt,
Und zärtlich rührt der Allbewegende,
Der Geist, uns an, o dann!

PAUSANIAS   Du schröckst   1195
Mich nur; denn unbegreiflich bist du mir.
Du siehest heiter aus und redest herrlich,
Doch lieber wär es mir, du trauertest.
Ach! brennt dir doch die Schmach im Busen, die
Du littst, und achtest selber dich für nichts,   1200
So viel du bist.

EMPEDOKLES   O Götter, läßt auch der
Zuletzt die Ruh mir nicht und regt den Sinn
Mir auf mit roher Rede? willst du das,
So geh. Bei Tod und Leben! nicht ist dies
Die Stunde mehr, viel Worte noch davon   1205
Zu machen, was ich leid und was ich bin.
Besorgt ist das; ich will es nimmer wissen.
Hinweg! es sind die Schmerzen nicht, die lächelnd,
Die fromm genährt, an traurigfroher Brust
Wie Kinder liegen — Natterbisse sinds,   1210
Und nicht der erste bin ich, dem die Götter
Solch giftge Rächer auf das Herz gesandt.
Ich habs verdient! ich kann dirs wohl verzeihn,
Der du zur Unzeit mich gemahnt; es ist
Der Priester dir vor Augen und es gellt   1215
Im Ohre dir des Pöbels Hohngeschrei,
Die brüderliche Nänie, die uns
Zur lieben Stadt hinausgeleitete.
Ha! mir — bei allen Göttern, die mich sehn —
Sie hättens nicht getan, wär ich   1220
Der Alte noch gewesen. Was? o schändlich
Verriet ein Tag von meinen Tagen mich

An diese Feigen — still! hinunter solls!
Begraben soll es werden, tief, *so* tief,
1225 Wie noch kein Sterbliches begraben ist.

PAUSANIAS

Ach! häßlich stört ich ihm das heitre Herz,
Das herrliche, und bänger denn zuvor
Ist jetzt die Sorge.

EMPEDOKLES   Laß die Klage nun
Und störe mich nicht weiter; mit der Zeit
1230 Ist alles gut; mit Sterblichen und Göttern
Bin ich ja bald versöhnt, ich bin es schon.

PAUSANIAS

Ists möglich? — heilt der furchtbar trübe Sinn
Und wähnst du dich nicht mehr allein und arm,
Du hoher Mann! und dünkt der Menschen Tun
1235 Unschuldig wie des Herdes Flamme dir?
So sprachst du sonst, ists wieder wahr geworden?
O sieh! dann segn' ich ihn, den klaren Quell,
An dem das neue Leben dir begann,
Und fröhlich wandern morgen wir hinab
1240 Ans Meer, das uns an sichres Ufer bringt.
Was achten wir der Reise Not und Mühn!
Ist heiter doch der Geist und seiner Götter!

EMPEDOKLES

O Kind! — Pausanias, hast du dies vergessen?
Umsonst wird nichts den Sterblichen gewährt.
1245 Und *eines* hilft. — O heldenmütger Jüngling!
Erblasse nicht! Sieh, was mein altes Glück,
Das unersinnbare, mir wiedergibt,
Mit Götterjugend mir, dem Welkenden,
Die Wange rötet, kann nicht übel sein.
1250 Geh, Sohn! . . . ich möchte meinen Sinn
Und meine Lust nicht gerne ganz verraten.
Für dich ists nicht — so mache dirs nicht eigen,

Und lasse mirs, ich lasse deines dir.
Was ists?
PAUSANIAS   Ein Haufe Volks! Dort kommen sie
Herauf.
EMPEDOKLES
          Erkennst du sie?
PAUSANIAS   Ich traue nicht   1255
Den Augen.
EMPEDOKLES Was? soll ich zum Rasenden
Noch werden — was? in sinnenlosem Weh
Und Grimm hinab, wohin ich friedlich wollte?
Agrigentiner sinds!
PAUSANIAS   Unmöglich!
EMPEDOKLES   Träum
Ich denn? mein edler Gegner ists, der Priester,   1260
Und sein Gefolge — pfui! so heillos ist,
In dem ich Wunden sammelte, der Kampf,
Und würdigere Kräfte gab es nicht
Zum Streite gegen mich? o schröcklich ists
Zu hadern mit Verächtlichen, und noch?   1265
In dieser heilgen Stunde noch! wo schon
Zum Tone sich der allverzeihenden
Natur die Seele vorbereitend stimmt!
Da fällt die Rotte mich noch einmal an
Und mischt ihr wütend sinnenlos Geschrei   1270
In meinen Schwanensang. Heran! es sei!
Ich will es euch verleiden! schont ich doch
Von je zu viel des schlechten Volks und nahm
An Kindes Statt der falschen Bettler gnug.
Habt ihr es mir noch immer nicht vergeben,   1275
Daß ich euch wohlgetan? Ich will es nun
Auch nicht. O kommt, Elende! muß es sein,
So kann ich auch im Zorne zu den Göttern.

PAUSANIAS
Wie wird das endigen?

VIERTER AUFTRITT

Die Vorigen. Hermokrates. Kritias. Volk

HERMOKRATES   Befürchte nichts!
1280   Und laß der Männer Stimme dich nicht schröcken,
Die dich vertrieben. Sie verzeihen dir.
EMPEDOKLES
Ihr Unverschämten! anders wißt ihr nicht?
Was wollt ihr auch? ihr kennt mich ja! ihr habt
Mich ja gezeichnet! aber hadert
1285   Das lebenslose Volk, damit sichs fühl'?
Und haben sie hinausgeschmäht den Mann,
Den sie gefürchtet, suchen sie ihn wieder,
Den Sinn an seinem Schmerze zu erfrischen?
O tut die Augen auf, und seht, wie klein
1290   Ihr seid, daß euch das Weh die närrische
Verruchte Zunge lähme; könnt ihr nicht
Erröten? o ihr Armen! schamlos läßt
Den schlechten Mann mitleidig die Natur,
Daß ihn der Größre nicht zu Tode schröcke.
1295   Wie könnt er sonst vor Größerem bestehn?
HERMOKRATES
Was du verbrochen büßtest du; genug
Vom Elend ist dein Angesicht gezeichnet;
Genes' und kehre nun zurück; dich nimmt
Das gute Volk in seine Heimat wieder.
EMPEDOKLES
1300   Wahrhaftig! großes Glück verkündet mir
Der fromme Friedensbote; Tag für Tag
Den schauerlichen Tanz mit anzusehn,

Wo ihr euch jagt und äfft, wo ruhelos
Und irr und bang, wie unbegrabne Schatten,
Ihr umeinander rennt, ein ärmliches   1305
Gemeng in eurer Not, ihr Gottverlaßnen!
Und eure lächerlichen Bettlerkünste,
Die nah zu haben, ist der Ehre wert!
Ha! wüßt ich Bessers nicht, ich lebte lieber
Sprachlos und fremde mit des Berges Wild   1310
In Regen und in Sonnenbrand, und teilte
Die Nahrung mit dem Tier, als daß ich noch
In euer blindes Elend wiederkehrte.

HERMOKRATES
So dankst du uns?

EMPEDOKLES   O sprich es einmal noch
Und siehe, wenn du kannst, zu diesem Licht,   1315
Dem Allesschauenden, empor! Doch freilich
Sind Helios' Strahlen Blitze dem Heuchler!
Warum bliebst
Du auch nicht fern, und kamst mir frech vors Aug,
Und nötigest das letzte Wort mir ab,   1320
Damit es dich zum Acheron geleite?
Weißt du, was du getan? was tat ich dir?
Es warnte dich und lange fesselte
Die Furcht die Hände dir, und lange grämt'
In seinen Banden sich dein Grimm; ihn hielt   1325
Mein Geist gefangen; konntest du nicht ruhn?
Und peinigte dich so mein Leben? freilich mehr
Wie Durst und Hunger quält das Edlere
Den Schlechten; konntest du nicht ruhn? und mußtest
Dich an mich wagen, Ungestalt, und wähntest,   1330
Ich würde dir, wenn du mit deiner Schmach
Das Angesicht mir übertünchtest, gleich?
Das war ein alberner Gedanke, Mann!
Und könntest du dein eigen Gift im Tranke

1335 Mir reichen, dennoch paarte sich mit dir
Mein lieber Geist nicht und er schüttete
Mit diesem Blut, das du entweiht, dich aus.
Es ist umsonst; wir gehn verschiednen Weg.
Stirb du gemeinen Tod, wie sichs gebührt,
1340 Am seelenlosen Knechtsgefühl! Mir ist
Ein ander Los beschieden; andern Pfad
Weissagtet einst, da ich geboren ward,
Ihr Götter mir, die gegenwärtig waren —
Was wundert sich der allerfahrne Mann?
1345 Dein Werk ist aus und deine Ränke reichen
An meine Freude nicht. Begreifest du das doch!

HERMOKRATES
Den Rasenden begreif ich freilich nicht.

KRITIAS
Genug ists nun, Hermokrates! du reizest
Zum Zorne nur den Schwerbeleidigten.

PAUSANIAS
1350 Was nimmt ihr auch den kalten Priester mit,
Ihr Toren, wenn um Gutes euch zu tun ist?
Und wählet zum Versöhner
Den Gottverlaßnen, der nicht lieben kann!
Zum Zwist und Tod ist der und seinesgleichen
1355 Ins Leben ausgesäet, zum Frieden nicht!
Jetzt seht ihrs ein, o hättet ihrs vor Jahren!
Es wäre manches nicht in Agrigent
Geschehen. Viel hast du getan, Hermokrates,
So lang du lebst, hast manche liebe Lust
1360 Den Sterblichen hinweggeängstiget,
Hast manches Heldenkind in seiner Wieg'
Erstickt, und gleich der Blumenwiese fiel
Und starb die jugendkräftige Natur
Vor deiner Sense. Manches sah ich selbst
1365 Und manches hört ich. Soll ein Volk vergehn,

Polemic — ?

So schicken nur die Furien einen Mann,
Der täuschend überall der Missetat
Die lebensreichen Menschen überführe.
Zuletzt, der Kunst erfahren, machte sich
An einen Mann der heiligschlaue Würger,   1370
Und herzempörend glückt es ihm, damit
Das Göttergleichste durch Gemeinstes falle.
Mein Empedokles! — gehe du des Wegs
Den du erwählt. Ich kanns nicht hindern, sengt
Es gleich das Blut in meinen Adern weg.   1375
Doch diesen, der das Leben dir geschändet,
Den Allverderber such ich auf, wenn ich
Verlassen bin von dir, ich such ihn, flöh
Er zum Altar, es hilft ihm nichts, mit mir
Muß er, mit mir, ich weiß sein eigen Element.   1380
Zum toten Sumpfe schlepp ich ihn — und wenn
Er flehend wimmert, so erbarmt' ich mich
Des grauen Haars, wie er der andern sich
Erbarmt; hinab!
(*Zu Hermokrates*) Hörst du? Ich halte Wort!
ERSTER BÜRGER
Es braucht des Wartens nicht, Pausanias!   1385
HERMOKRATES
    Ihr Bürger!
ZWEITER BÜRGER
            Regst du noch die Zunge? Du,
Du hast uns schlecht gemacht; hast allen Sinn
Uns weggeschwatzt; hast uns des Halbgotts Liebe
Gestohlen, du! er ists nicht mehr. Er kennt
Uns nicht; ach! ehmals sah mit sanften Augen   1390
Auf uns der königliche Mann; nun kehrt
Sein Blick das Herz mir um.
DRITTER BÜRGER   Weh! waren wir
Doch gleich den Alten zu Saturnus' Zeit,

Da freundlich unter uns der Hohe lebt',
1395　Und jeder hatt in seinem Hause Freude,
Und alles war genug. Was ludst du denn
Den Fluch auf uns, den unvergeßlichen,
Den er gesprochen? Ach! er mußte wohl,
Und sagen werden unsre Söhne, wenn
1400　Sie groß geworden sind, ihr habt den Mann,
Den uns die Götter sandten, uns gemordet!

ZWEITER BÜRGER

Er weint! — O größer noch und lieber,
Denn vormals, dünkt er mir. Und sträubst
Du noch dich gegen ihn, und stehest da,
1405　Als sähst du nicht, und brechen dir vor ihm
Die Kniee nicht? Zu Boden, Mensch!

ERSTER BÜRGER　　　　　　　　Und spielst
Du noch den Götzen, was? und möchtest gern
So fort es treiben? Nieder mußt du mir!
Und auf den Nacken setz ich dir den Fuß,
1410　Bis du mir sagst, du habest endlich dich
Bis an den Tartarus hinabgelogen.

DRITTER BÜRGER

Weißt du, was du getan? dir wär es besser,
Du hättest Tempelraub begangen; ha!
Wir beteten ihn an, und billig wars;
1415　Wir wären götterfrei mit ihm geworden.
Da wandelt unverhofft, wie eine Pest,
Dein böser Geist uns an und uns verging
Das Herz und Wort und alle Freude, die
Er uns geschenkt, in widerwärtgem Taumel.
1420　Ha, Schande! Schande! wie die Rasenden
Frohlockten wir, da du zum Tode schmähtest
Den hochgeliebten Mann. Unheilbar ists
Und stürbst du siebenmal, du könntest doch,
Was du an ihm und uns getan, nicht ändern.

EMPEDOKLES
Die Sonne neigt zum Untergange sich,   1425
Und weiter muß ich diese Nacht, ihr Kinder.
Laßt ab von ihm! es ist zu lange schon,
Daß wir gestritten. Was geschehen ist
Vergehet all, und künftig lassen wir
In Ruh einander.
PAUSANIAS   Gilt denn alles gleich?   1430
DRITTER BÜRGER
O lieb uns wieder!
ZWEITER BÜRGER Komm und leb
In Agrigent; es hats ein Römer mir
Gesagt, durch ihren Numa wären sie
So groß geworden. Komme, Göttlicher!
Sei unser Numa. Lange dachten wirs,   1435
Du solltest König sein. O sei es! seis!
Ich grüße dich zuerst, und alle wollens.
EMPEDOKLES
Dies ist die Zeit der Könige nicht mehr.
DIE BÜRGER (*erschrocken*)
Wer bist du, Mann?
PAUSANIAS   So lehnt man Kronen ab,
Ihr Bürger.
ERSTER BÜRGER
          Unbegreiflich ist das Wort,   1440
So du gesprochen, Empedokles.
EMPEDOKLES   Hegt
Im Neste denn die Jungen immerdar
Der Adler? Für die Blinden sorgt er wohl,
Und unter seinen Flügeln schlummern süß
Die Ungefiederten ihr dämmernd Leben.   1445
Doch haben sie das Sonnenlicht erblickt,
Und sind die Schwingen ihnen reif geworden,
So wirft er aus der Wiege sie, damit

Sie eignen Flug beginnen. Schämet euch,
1450 Daß ihr noch einen König wollt; ihr seid
Zu alt; zu eurer Väter Zeiten wärs
Ein anderes gewesen. Euch ist nicht
Zu helfen, wenn ihr selber euch nicht helft.

KRITIAS

Vergib! bei allen Himmlischen! du bist
Ein großer Mann, Verratener!

1455 EMPEDOKLES   Es war
Ein böser Tag, der uns geschieden, Archon.

ZWEITER BÜRGER

Vergib und komm mit uns! Dir scheinet doch
Die heimatliche Sonne freundlicher
Denn anderswo, und willst du schon die Macht,
1460 Die dir gebührte, nicht, so haben wir
Der Ehrengaben manche noch für dich:
Gesäng und Feste, lieber Heiliger,
Für Kränze grünes Laub und schöne Namen,
Und für die Säule nimmeralternd Erz.
1465 O komm! es sollen unsre Jünglinge,
Die Reinen, die dich nie beleidiget,
Dir dienen — wohnst du nahe nur, so ists
Genug, und dulden müssen wirs, wenn du
Uns meidst und einsam bleibst in deinen Gärten,
1470 Bis du vergessen hast, was dir geschehn.

EMPEDOKLES

O *einmal* noch! du heimatliches Licht,
Das mich erzog, ihr Gärten meiner Jugend
Und meines Glücks, noch soll ich eurer denken,
Ihr Tage meiner Ehre, wo ich rein
1475 Und ungekränkt mit diesem Volke war.
Wir sind versöhnt, ihr Guten! — laßt mich nur,
Viel besser ists, ihr seht das Angesicht,
Das ihr geschmäht, nicht mehr, so denkt ihr lieber

Des Manns, den ihr geliebt, und irre wird
Dann euch der ungetrübte Sinn nicht mehr.   1480
In ewger Jugend lebt mit euch mein Bild,
Und schöner tönen, wenn ich ferne bin,
Die Freudensänge, so ihr mir versprochen.
O laßt uns scheiden, ehe Torheit uns
Und Alter scheidet, sind wir doch gewarnt,   1485
Und *eines* bleiben, die zu rechter Zeit
Aus eigner Kraft die Trennungsstunde wählten.

DRITTER BÜRGER
So ratlos lässest du uns stehn?

EMPEDOKLES   Ihr botet
Mir eine Kron, ihr Männer! nimmt von mir
Dafür mein Heiligtum. Ich spart es lang.   1490
In heitern Nächten oft, wenn über mir
Die schöne Welt sich öffnet' und die heilge Luft
Mit ihren Sternen allen als ein Geist
Voll freudiger Gedanken mich umfing,
Da wurd es oft lebendiger in mir;   1495
Mit Tagesanbruch dacht ich euch das Wort,
Das ernste langverhaltene, zu sagen;
Und freudig ungeduldig rief ich schon
Vom Orient die goldne Morgenwolke
Zum neuen Fest, an dem mein einsam Lied   1500
Mit euch zum Freudenchore würd, herauf.
Doch immer schloß mein Herz sich wieder, hofft'
Auf seine Zeit, und reifen sollte mirs.
Heut ist mein Herbsttag und es fällt die Frucht
Von selbst.

PAUSANIAS   O hätt er früher nur gesprochen,   1505
Vielleicht dies alles wär ihm nicht geschehn.

EMPEDOKLES
Nicht ratlos stehen laß ich euch,
Ihr Lieben! aber fürchtet nichts! Es scheun

Die Erdenkinder meist das Neu und Fremde,
1510 Daheim in sich zu bleiben strebet nur
Der Pflanze Leben und das frohe Tier.
Beschränkt im Eigentume sorgen sie,
Wie sie bestehn, und weiter reicht ihr Sinn
Im Leben nicht. Doch müssen sie zuletzt,
1515 Die Ängstigen, heraus, und sterbend kehrt
Ins Element ein jedes, daß es da
Zu neuer Jugend, wie im Bade, sich
Erfrische. Menschen ist die große Lust
Gegeben, daß sie selber sich verjüngen.
1520 Und aus dem reinigenden Tode, den
Sie selber sich zu rechter Zeit gewählt,
Erstehn, wie aus dem Styx Achill, die Völker.
O gebt euch der Natur, eh sie euch nimmt! —
Ihr dürstet längst nach Ungewöhnlichem,
1525 Und wie aus krankem Körper sehnt der Geist
Von Agrigent sich aus dem alten Gleise.
So wagts! was ihr geerbt, was ihr erworben,
Was euch der Väter Mund erzählt, gelehrt,
Gesetz' und Bräuch', der alten Götter Namen,
1530 Vergeßt es kühn, und hebt, wie Neugeborne,
Die Augen auf zur göttlichen Natur!
Wenn dann der Geist sich an des Himmels Licht
Entzündet, süßer Lebensothem euch
Den Busen, wie zum erstenmale, tränkt,
1535 Und goldner Früchte voll die Wälder rauschen
Und Quellen aus dem Fels; wenn euch das Leben
Der Welt ergreift, ihr Friedensgeist, und euchs
Wie heilger Wiegensang die Seele stillet;
Dann aus der Wonne schöner Dämmerung
1540 Der Erde Grün von neuem euch erglänzt,
Und Berg und Meer und Wolken und Gestirn,
Die edeln Kräfte, Heldenbrüdern gleich,

Vor euer Auge kommen, daß die Brust,
Wie Waffenträgern, euch nach Taten klopft
Und eigner schöner Welt; — dann reicht die   1545
    Hände
Euch wieder, gebt das Wort und teilt das Gut,
O dann, ihr Lieben! teilet Tat und Ruhm
Wie treue Dioskuren; jeder sei
Wie alle, — wie auf schlanken Säulen ruh
Auf richtgen Ordnungen das neue Leben,   1550
Und euern Bund befestge das Gesetz.
Dann, o ihr Genien der wandelnden
Natur! dann ladet euch, ihr heitern,
Das freie Volk zu seinen Festen ein,
Gastfreundlich! fromm! denn liebend gibt   1555
Der Sterbliche vom Besten, schließt und engt
Den Busen ihm die Knechtschaft nicht —

PAUSANIAS   O Vater!

EMPEDOKLES
Von Herzen nennt man, Erde, dann dich wieder,
Und, wie die Blum aus deinem Dunkel sproßt,
Blüht Wangenrot der Dankenden für dich   1560
Aus lebensreicher Brust und selig Lächeln.

. . .

Beschenkt mit Liebeskränzen rauschet dann
Der Quell hinab, wächst unter Segnungen
Zum Strom, und mit dem Echo bebender Gestade
Tönt deiner wert, o Vater Ozean,   1565
Der Lobgesang aus freier Wonne wider.
Es fühlt sich neu in himmlischer Verwandtschaft,
O Sonnengott! der Menschengenius
Mit dir, und dein, wie sein, ist was er bildet.
Aus Lust und Mut und Lebensfülle gehn   1570
Die Taten leicht, wie deine Strahlen, ihm,
Und Schönes stirbt in traurigstummer Brust

DTDE—H

Nicht mehr. Oft schläft, wie edles Samenkorn,
Das Herz der Sterblichen in toter Schale,
1575 Bis ihre Zeit gekommen ist; es atmet
Der Aether liebend immerdar um sie,
    und mit den Adlern trinkt
Ihr Auge Morgenlicht; doch Segen gibt
Es nicht den Träumenden, und kärglich nährt
1580 Vom Nektar, den die Götter der Natur
Alltäglich reichen, sich ihr schlummernd Wesen;
Bis sie des engen Treibens müde sind,
Und sich die Brust in ihrer kalten Fremde,
Wie Niobe, gefangen, und der Geist
1585 Sich kräftiger denn alle Sage fühlt,
Und, seines Ursprungs eingedenk, das Leben,
Lebendge Schöne, sucht, und gerne sich
Entfaltet' an der Gegenwart des Reinen.
Dann glänzt ein neuer Tag herauf, und staunend,
1590 Unglaubig, wie nach hoffnungsloser Zeit
Beim heilgen Wiedersehn Geliebtes hängt
Am totgeglaubten Lieben, hängt das Herz
An
        sie sinds!
1595 Die langentbehrten, die lebendigen,
Die guten Götter

     mit des Lebens Stern hinab!
Lebt wohl! Es war das Wort des Sterblichen,
Der diese Stunde liebend zwischen euch
1600 Und seinen Göttern zögert, die ihn riefen.
Am Scheidetage weissagt unser Geist,
Und Wahres reden, die nicht wiederkehren.

 KRITIAS
Wohin? o beim lebendigen Olymp,
Den du mir alten Manne noch zuletzt,

Mir Blinden, aufgeschlossen, scheide nicht!   1605
Nur wenn du nahe bist, gedeiht im Volk
Und dringt in Zweig' und Frucht die neue Seele.

EMPEDOKLES

Es sprechen, wenn ich ferne bin, statt meiner
Des Himmels Blumen, blühendes Gestirn,
Und die der Erde tausendfach entkeimen.   1610
Die göttlichgegenwärtige Natur
Bedarf der Rede nicht; und nimmer läßt
Sie einsam euch, wenn *einmal* sie genaht,
Denn unauslöschlich ist der Augenblick
Von ihr, und siegend wirkt durch alle Zeiten   1615
Beseligend hinab sein himmlisch Feuer.
Wenn dann die glücklichen Saturnustage,
Die neuen, männlichern, gekommen sind,
Dann denkt vergangner Zeit, dann leb, erwärmt
Am Genius, der Väter Sage wieder!   1620
Zum Feste komme, wie vom Frühlingslicht
Emporgesungen, die vergessene
Heroenwelt vom Schattenreich herauf,
Und mit der goldnen Trauerwolke lagre
Erinnrung sich, ihr Freudigen! um euch. —   1625

PAUSANIAS

Und du? und du? ach nennen will ichs nicht
Vor diesen Glücklichen . . .
Daß sie nicht ahnden, was geschehen wird.
Nein! . . . du kannst es nicht.

EMPEDOKLES

O Wünsche! Kinder seid ihr, und doch wollt   1630
Ihr wissen, was begreiflich ist und recht;
'Du irrest!' sprecht, ihr Törigen! zur Macht,
Die mächtger ist, denn ihr; doch hilft es nicht,
Und wie die Sterne geht unaufgehalten
Das Leben im Vollendungsgange weiter.   1635

Kennt ihr der Götter Stimme nicht? noch eh
Als ich der Eltern Sprache lauschend lernt,
Im ersten Othemzug, im ersten Blick
Vernahm ich jene schon, und immer hab
1640 Ich höher sie, denn Menschenwort, geachtet.
Hinauf! sie riefen mich und jedes Lüftchen
Regt mächtiger die bange Sehnsucht auf.
Und wollt ich hier noch länger weilen, wärs,
Wie wenn der Jüngling unbeholfen sich
1645 Am Spiele seiner Kinderjahre letzte.
Ha! seellos, wie die Knechte, wandelt ich
In Nacht und Schmach vor euch und meinen
    Göttern.

Gelebt hab ich; wie aus der Bäume Wipfel
Die Blüte regnet und die goldne Frucht,
1650 Und Blum und Korn aus dunklem Boden quillt,
So kam aus Müh und Not die Freude mir
Und freundlich stiegen Himmelskräfte nieder;
Es sammeln in der Tiefe sich, Natur,
Die Quellen deiner Höhn, und deine Freuden,
1655 Sie kamen all in meiner Brust zu ruhn,
Sie waren *eine* Wonne; wenn ich dann
Das schöne Leben übersann, da bat
Ich herzlich oft um *eines* nur die Götter:
Sobald ich einst mein heilig Glück nicht mehr
1660 In Jugendstärke taumellos ertrüg,
Und wie des Himmels alten Lieblingen
Zur Torheit mir des Geistes Fülle würde,
Dann mich zu mahnen, dann nur schnell ins Herz
Ein unerwartet Schicksal mir zu senden,
1665 Zum Zeichen, daß die Zeit der Läuterung
Gekommen sei, damit bei guter Stund
Ich fort zu neuer Jugend noch mich rettet',

Und unter Menschen nicht der Götterfreund
Zum Spiel und Spott und Ärgernisse würde.

Sie haben mirs gehalten; mächtig warnt'   1670
Es mich; zwar *einmal* nur, doch ists genug.
Und so ichs nicht verstände, wär ich gleich
Gemeinem Rosse, das den Sporn nicht ehrt,
Und noch der nötigenden Geißel wartet.
Drum fordert nicht die Wiederkehr des Manns,   1675
Der euch geliebt, doch wie ein Fremder war
Mit euch und nur für kurze Zeit geboren!
O fordert nicht, daß er an Sterbliche
Sein Heilges noch und seine Seele wage!
Ward doch ein schöner Abschied uns gewährt,   1680
Und konnt ich noch mein Liebstes euch zuletzt,
Mein Herz hinweg aus meinem Herzen geben.
Drum vollends nicht! was sollt ich noch bei euch?

ERSTER BÜRGER
Wir brauchen deines Rats.

EMPEDOKLES
Fragt diesen Jüngling! schämet des euch nicht.   1685
Aus frischem Geiste kommt das Weiseste,
Wenn ihr um Großes ihn im Ernste fraget.
Aus junger Quelle nahm die Priesterin,
Die alte Pythia, die Göttersprüche;
Und Jünglinge sind selber eure Götter. —   1690
Mein Liebling! gerne weich ich, lebe du
Nach mir; ich war die Morgenwolke nur,
Geschäftslos und vergänglich! und es schlief,
Indes ich einsam blühte, noch die Welt;
Doch du, du bist zum klaren Tag geboren.   1695

PAUSANIAS
O! schweigen muß ich!

KRITIAS   Überrede dich

Nicht, bester Mann! und uns mit dir. Mir selbst
Ists vor dem Auge dunkel und ich kann
Nicht sehn, was du beginnst, und kann nicht sagen,
   'bleibe!'
1700 Verschieb es einen Tag. Der Augenblick
Faßt wunderbar uns oft; so gehen wir,
Die Flüchtgen mit dem Flüchtigen, dahin.
Oft dünkt das Wohlgefallen einer Stund
Uns lange vorbedacht, und doch ists nur
1705 Die Stunde, die uns blendet, daß wir *sie*
Nur sehen in Vergangenem. Vergib!
Ich will den Geist des Mächtigern nicht schmähn,
Nicht diesen Tag; ich seh es wohl, ich muß
Dich lassen, kann nur zusehn, wenn es schon
Mich in der Seele kümmert —
1710 DRITTER BÜRGER   Nein! o nein! —
Er gehet zu den Fremden nicht, nicht übers Meer,
Nach Hellas' Ufern oder nach Aegyptos,
Zu seinen Brüdern, die ihn lange nicht
Gesehn, den hohen Weisen — bittet ihn,
1715 O bittet, daß er bleib! Es ahndet mir,
Und Schauer gehn von diesem stillen Mann,
Dem Heiligfurchtbaren, mir durch das Leben,
Und heller wirds in mir und finstrer auch
Denn in der vorgen Zeit — wohl trägst und siehst
1720 Ein eigen großes Schicksal du in dir,
Und trägst es gern, und was du denkst ist herrlich.
Doch denke derer, die dich lieben auch,
Der Reinen, und der andern, die gefehlt,
Der Reuigen. Du Gütiger! du hast
1725 Uns viel gegeben, was ists ohne dich?
O möchtest du uns nicht dich selber auch
Noch eine Weile gönnen, Gütiger!

EMPEDOKLES

O lieber Undank! gab ich doch genug,
Wovon ihr leben möget. *Ihr* dürft leben,
Solang ihr Othem habt; ich nicht. Es muß   1730
Bei Zeiten weg, durch wen der Geist geredet.
Es offenbart die göttliche Natur
Sich göttlich oft durch Menschen, so erkennt
Das vielversuchende Geschlecht sie wieder.
Doch hat der Sterbliche, dem sie das Herz   1735
Mit ihrer Wonne füllte, sie verkündet,
O laßt sie dann zerbrechen das Gefäß,
Damit es nicht zu andrem Brauche dien',
Und Göttliches zum Menschenwerke werde.
Laßt diese Glücklichen doch sterben, laßt,   1740
Eh sie in Eigenmacht und Tand und Schmach
Vergehn, die Freien sich bei guter Zeit
Den Göttern liebend opfern. Mein ist dies.
Und wohlbewußt ist mir mein Los, und längst
Am jugendlichen Tage hab ich mirs   1745
Geweissagt; ehret mirs! und wenn ihr morgen
Mich nimmer findet, sprecht: veralten sollt
Er nicht und Tage zählen, dienen nicht
Der Sorg und Krankheit, ungesehen ging
Er weg und keines Menschen Hand begrub ihn,   1750
Und keines Auge weiß von seiner Asche;
Denn anders ziemt es nicht für ihn, vor dem
In todesfroher Stund am heilgen Tage
Das Göttliche den Schleier abgeworfen —
Den Licht und Erde liebten, dem der Geist,   1755
Der Geist der Welt den eignen Geist erweckte,
In dem sie sind, zu dem ich sterbend kehre.

KRITIAS

Weh! unerbittlich ist er, und es schämt
Das Herz sich selbst, ein Wort noch ihm zu sagen.

EMPEDOKLES

1760　Komm reiche mir die Hände, Kritias!
Und ihr, ihr all! — Du bleibest, Liebster, noch
Bei mir, du immertreuer, guter Jüngling!
Beim Freunde, bis zum Abend. — Trauert nicht!
Denn heilig ist mein End und schon — o Luft,
1765　Luft, die den Neugeborenen umfängt,
Wenn droben er die neuen Pfade wandelt,
Dich ahnd ich, wie der Schiffer, wenn er nah
Dem Blütenwald der Mutterinsel kömmt,
Schon atmet liebender die Brust ihm auf,
1770　Und sein gealtert Angesicht verklärt
Erinnerung der ersten Wonne wieder!
Und o, Vergessenheit! Versöhnerin! —
Voll Segens ist die Seele mir, ihr Lieben!
Geht nur und grüßt die heimatliche Stadt
1775　Und ihr Gefild'! am schönen Tage, wenn,
Den Göttern der Natur ein Fest zu bringen,
Ihr einst heraus zum heilgen Haine geht,
Und wie mit freundlichen Gesängen euchs
Empfängt, antwortet aus den heitern Höhn,
1780　Dann wehet wohl ein Ton von mir im Liede;
Des Freundes Wort, verhüllt ins Liebeschor
Der schönen Welt, vernimmt ihr liebend wieder,
Und herrlicher ists so. Was ich gesagt,
Dieweil ich hie noch weile, wenig ists,
1785　Doch nimmts der Strahl vielleicht des Lichtes zu
Der stillen Quelle, die euch segnen möchte,
Durch dämmernde Gewölke mit hinab.
Und ihr gedenket meiner!

KRITIAS　　　　　　　　Heiliger!
Du hast mich überwunden, heilger Mann!
1790　Ich will es ehren, was mit dir geschieht,
Und einen Namen will ich ihm nicht geben.

O mußt es sein? es ist so eilend all
Geworden. Da du noch in Agrigent
Stillherrschend lebtest, achteten wirs nicht;
Nun bist du uns genommen, eh wirs denken.   1795
Es kommt und geht die Freude, doch gehört
Sie Sterblichen nicht eigen, und der Geist
Eilt ungefragt auf seinem Pfade weiter.
Ach! können wir denn sagen, daß du da
Gewesen?   1800

Fünfter Auftritt

Empedokles. Pausanias

PAUSANIAS
     Es ist geschehen, schicke nun auch mich
Hinweg! Dir wird es leicht!
EMPEDOKLES   O nicht!
PAUSANIAS
     Ich weiß es wohl, ich sollte so nicht reden
Zum heilgen Fremdlinge, doch will ich nicht
Das Herz im Busen bändigen. Du hasts   1805
Verwöhnt, du hast es selber dir erzogen —
Und meinesgleichen dünkte mir noch, da
Ein roher Knab ich war, der Herrliche,
Wenn er mit Wohlgefallen sich zu mir
Im freundlichen Gespräche neigt', und mir   1810
Wie längstbekannt des Mannes Worte waren.
Das ist vorbei! vorbei! O Empedokles!
Noch nenn ich dich mit Namen, halte noch
Bei seiner treuen Hand den Fliehenden,
Und sieh! mir ist, noch immer ist es mir,   1815
Als könntst du mich nicht lassen, Liebender!
Geist meiner glücklichen Jugend, hast du mich

Umsonst umfangen, hab ich dir umsonst
Entfaltet dieses Herz in Siegeslust
1820 Und großen Hoffnungen? Ich kenne dich
Nicht mehr. Es ist ein Traum. Ich glaub es nicht.

EMPEDOKLES
Verstandest du es nicht?

PAUSANIAS   Mein Herz versteh ich,
Das treu und stolz für deines zürnt und schlägt.

EMPEDOKLES
So gönn ihm seine Ehre doch, dem meinen.

PAUSANIAS
Ist Ehre nur im Tod?

1825 EMPEDOKLES   Du hasts gehört,
Und deine Seele zeugt es mir, für mich
Gibts andre nicht.

PAUSANIAS   Ach! ists denn wahr?

EMPEDOKLES   Wofür
Erkennst du mich?

PAUSANIAS (*innig*)   O Sohn Uraniens!
Wie kannst du fragen?

EMPEDOKLES (*mit Liebe*)   Dennoch soll ich Knechten
gleich
Den Tag der Unehr überleben?

1830 PAUSANIAS   Nein!
Bei deinem Zaubergeiste, Mann, ich will nicht,
Will nicht dich schmähn, geböt es auch die Not
Der Liebe mir, du Lieber! stirb denn nur
Und zeuge so von dir, wenns sein muß.

EMPEDOKLES   Hab
1835 Ichs doch gewußt, daß du nicht ohne Freude
Mich gehen ließest, Heldenmütiger!

PAUSANIAS
Wo ist denn nun das Leid? umwallt das Haupt
Dir doch ein Morgenrot und *einmal* schenkt

Dein Auge noch mir seine kräftgen Strahlen.
EMPEDOKLES
Und ich, ich küsse dir Verheißungen   1840
Auf deine Lippen: mächtig wirst du sein,
Wirst leuchten, jugendliche Flamme, wirst,
Was sterblich ist, in Seel und Flamme wandeln,
Daß es mit dir zum heilgen Aether steigt.
Ja! Liebster! nicht umsonst hab ich mit dir   1845
Gelebt, und unter mildem Himmel ist
Viel einzig Freudiges vom ersten goldnen
Gelungnen Augenblick uns aufgegangen,
Und oft wird dessen dich mein stiller Hain
Und meine Halle mahnen, wenn du dort   1850
Vorüberkömmst, des Frühlings, und der Geist,
Der zwischen mir und dir gewesen, dich
Umwaltet; dank ihm dann, und dank ihm itzt!
O Sohn! Sohn meiner Seele!
PAUSANIAS   Vater! danken
Will ich, wenn wieder erst das Bitterste   1855
Von mir genommen ist.
EMPEDOKLES   Doch, Lieber, schön
Ist auch der Dank, solange noch die Freude,
Die Scheidende, verzieht bei Scheidenden.
PAUSANIAS
O muß sie denn dahin? ich faß es nicht.
Und du? was hülf es dir?   1860
EMPEDOKLES
Bin ich durch Sterbliche doch nicht bezwungen,
Und geh in meiner Kraft furchtlos hinab
Den selbsterkornen Pfad; mein Glück ist dies,
Mein Vorrecht ists.
PAUSANIAS   O laß! und sprich nicht so
Das Schröckliche mir aus! Noch atmest du,   1865
Und hörest Freundeswort, und rege quillt

Das teure Lebensblut vom Herzen dir,
Du stehst und blickst und hell ist rings die Welt
Und klar ist dir dein Auge vor den Göttern.
1870 Der Himmel ruht auf freier Stirne dir,
Und, aller Menschen Freude, überglänzt,
Du Herrlicher! dein Genius die Erd' —
Und alles soll vergehn!

EMPEDOKLES   Vergehn? ist doch
Das Bleiben gleich dem Strome, den der Frost
1875 Gefesselt. Töricht Wesen! schläft und hält
Der heilge Lebensgeist denn irgendwo,
Daß du ihn binden möchtest, du, den Reinen?
Es ängstiget der Immerfreudige
Dir niemals in Gefängnissen sich ab
1880 Und zaudert hoffnungslos auf seiner Stelle!
Frägst du, wohin? Die Wonnen einer Welt
Muß er durchwandern, und er endet nicht. —
O Jupiter Befreier! — gehe nun hinein,
Bereit ein Mahl, daß ich des Halmes Frucht
1885 Noch *einmal* koste und der Rebe Kraft,
Und dankesfroh mein Abschied sei; und wir
Den Musen auch, den holden, die mich liebten,
Den Lobgesang noch singen — tu es, Sohn!

PAUSANIAS
Mich meistert wunderbar dein Wort, ich muß
1890 Dir weichen, muß gehorchen, wills, und will
Es nicht. (*Geht ab.*)

SECHSTER AUFTRITT

EMPEDOKLES (*allein*)
Ha! Jupiter Befreier! näher tritt
Und näher meine Stund und vom Geklüfte
Kömmt schon der traute Bote meiner Nacht,

Der Abendwind zu mir, der Liebesbote.   1895
Es wird! gereift ists! o nun schlage, Herz,
Und rege deine Wellen, ist der Geist
Doch über dir wie leuchtendes Gestirn,
Indes des Himmels heimatlos Gewölk,
Das immerflüchtige, vorüberwandelt.   1900
Wie ist mir? staunen muß ich noch, als fing'
Ich erst zu leben an, denn all ists anders,
Und jetzt erst bin ich, bin — und darum wars,
Daß in der frommen Ruhe dich so oft,
Du Müßiger, ein Sehnen überfiel?   1905
O darum ward das Leben dir so leicht,
Daß du des Überwinders Freuden all
In *einer* vollen Tat am Ende fändest?
Ich komme. Sterben? nur ins Dunkel ists
Ein Schritt, und sehen möchtst du doch, mein Auge!   1910
Du hast mir ausgedient, dienstfertiges!
Es muß die Nacht itzt eine Weile mir
Das Haupt umschatten. Aber freudig quillt
Aus mutger Brust die Flamme. Schauderndes
Verlangen! Was? am Tod entzündet mir   1915
Das Leben sich zuletzt? und reichest du
Den Schreckensbecher mir, den gärenden,
Natur! damit dein Sänger noch aus ihm
Die letzte der Begeisterungen trinke!
Zufrieden bin ichs, suche nun nichts mehr   1920
Denn meine Opferstätte. Wohl ist mir.
O Iris' Bogen über stürzenden
Gewässern, wenn die Wog in Silberwolken
Auffliegt, wie du bist, so ist meine Freude!

APPENDICES

A. DER TOD DES EMPEDOKLES.
ZWEITE FASSUNG

Ein Trauerspiel in fünf Akten

PERSONEN

EMPEDOKLES
PAUSANIAS
PANTHEA
DELIA
HERMOKRATES
MEKADES
AMPHARES ⎫
DEMOKLES ⎬ Agrigentiner
HYLAS ⎭

Der Schauplatz ist teils in Agrigent, teils am Aetna

ERSTER AKT

Chor der Agrigentiner in der Ferne. Mekades. Hermokrates

MEKADES. Hörst du das trunkne Volk?
HERMOKRATES. Sie suchen ihn.
MEKADES. Der Geist des Manns
  Ist mächtig unter ihnen.
HERMOKRATES. Ich weiß, wie dürres Gras   5
  Entzünden sich die Menschen.
MEKADES. Daß *einer* so die Menge bewegt, mir ists,
  Als wie wenn Jovis Blitz den Wald
  Ergreift, und furchtbarer.
HERMOKRATES. Drum binden wir den Menschen auch   10
  Das Band ums Auge, daß sie nicht
  Zu kräftig sich am Lichte nähren.
  Nicht gegenwärtig werden
  Darf Göttliches vor ihnen.
  Es darf ihr Herz   15
  Lebendiges nicht finden.
  Kennst du die Alten nicht,
  Die Lieblinge des Himmels man nennt?
  Sie nährten die Brust
  An Kräften der Welt   20
  Und den Hellaufblickenden war
  Unsterbliches nahe;
  Drum beugten die Stolzen
  Das Haupt auch nicht,
  Und vor den Gewaltigen konnt   25
  Ein anderes nicht bestehn,
  Es ward verwandelt vor ihnen.

MEKADES. Und er?

HERMOKRATES. Das hat zu mächtig ihn
30   Gemacht, daß er vertraut
    Mit Göttern worden ist.
    Es tönt sein Wort dem Volk,
    Als käm es vom Olymp;
    Sie dankens ihm,
35   Daß er vom Himmel raubt
    Die Lebensflamm und sie
    Verrät den Sterblichen.

MEKADES. Sie wissen nichts, denn ihn,
    Er soll ihr Gott,
40   Er soll ihr König sein.
    Sie sagen, es hab Apoll
    Die Stadt gebaut den Trojern,
    Doch besser sei, es helf
    Ein hoher Mann durchs Leben.
45   Noch sprechen sie viel Unverständiges
    Von ihm und achten kein Gesetz
    Und keine Not und keine Sitte.
    Ein Irrgestirn ist unser Volk
    Geworden und ich fürcht,
50   Es deute dieses Zeichen
    Zukünftges noch, das er
    Im stillen Sinne brütet.

HERMOKRATES. Sei ruhig, Mekades!
    Er wird nicht.

55 MEKADES. Bist du denn mächtiger?

HERMOKRATES. Der sie versteht,
    Ist stärker, denn die Starken,
    Und wohlbekannt ist dieser Seltne mir.
    Zu glücklich wuchs er auf;
60   Ihm ist von Anbeginn
    Der eigne Sinn verwöhnt, daß ihn
    Geringes irrt; er wird es büßen,
    Daß er zu sehr geliebt die Sterblichen.

MEKADES. Mir ahndet selbst,

Es wird mit ihm nicht lange dauern,   65
Doch ist es lang genug,
So er erst fällt, wenn ihms gelungen ist.
HERMOKRATES. Und schon ist er gefallen.
MEKADES. Was sagst du?
HERMOKRATES. Siehst du denn nicht? es haben   70
Den hohen Geist die Geistesarmen
Geirrt, die Blinden den Verführer.
Die Seele warf er vor das Volk, verriet
Der Götter Gunst gutmütig den Gemeinen,
Doch rächend äffte leeren Widerhalls   75
Genug denn auch aus toter Brust den Toren.
Und eine Zeit ertrug ers, grämte sich
Geduldig, wußte nicht,
Wo es gebrach; indessen wuchs
Die Trunkenheit dem Volke; schaudernd   80
Vernahmen sies, wenn ihm vom eignen Wort
Der Busen bebt', und sprachen:
'So hören wir nicht die Götter!'
Und Namen, so ich dir nicht nenne, gaben
Die Knechte dann dem stolzen Trauernden.   85
Und endlich nimmt der Durstige das Gift,
Der Arme, der mit seinem Sinne nicht
Zu bleiben weiß und Ähnliches nicht findet,
Er tröstet mit der rasenden
Anbetung sich, verblindet, wird wie sie,   90
Die seelenlosen Abergläubigen;
Die Kraft ist ihm entwichen,
Er geht in einer Nacht, und weiß sich nicht
Herauszuhelfen, und wir helfen ihm.
MEKADES. Des bist du so gewiß?   95
HERMOKRATES. Ich kenn ihn.
MEKADES. Ein übermütiges Gerede fällt
Mir bei, das er gemacht, da er zuletzt
Auf der Agora war. Ich weiß es nicht,
Was ihm das Volk zuvor gesagt; ich kam   100
Nur eben, stand von fern — 'Ihr ehret mich',

Antwortet' er, 'und tuet recht daran;
Denn stumm ist die Natur,
Es leben Sonn und Luft und Erd und ihre Kinder
105 Fremd umeinander,
Die Einsamen, als gehörten sie sich nicht.
Wohl wandeln immerkräftig
Im Göttergeiste die freien
Unsterblichen Mächte der Welt
110 Rings um der andern
Vergänglich Leben,
Doch wilde Pflanzen
Auf wilden Grund
Sind in den Schoß der Götter
115 Die Sterblichen alle gesäet,
Die Kärglichgenährten, und tot
Erschiene der Boden, wenn *einer* nicht
Des wartete, lebenerweckend,
Und mein ist das Feld. Mir tauschen
120 Die Kraft und Seele zu *einem*
Die Sterblichen und die Götter.
Und wärmer umfangen die ewigen Mächte
Das strebende Herz und kräftger gedeihn
Vom Geiste der Freien die fühlenden Menschen,
125 Und wach ists! Denn ich
Geselle das Fremde,
Das Unbekannte nennet mein Wort,
Und die Liebe der Lebenden trag
Ich auf und nieder; was *einem* gebricht,
130 Ich bring es vom andern, und binde
Beseelend, und wandle
Verjüngend die zögernde Welt,
Und gleiche keinem und allen.'
So sprach der Übermütige.
135 HERMOKRATES. Das ist noch wenig. Ärgers schläft in ihm.
Ich kenn ihn, kenne sie, die überglücklichen
Verwöhnten Söhne des Himmels,
Die anders nicht, denn ihre Seele, fühlen.

Stört einmal sie der Augenblick heraus —
Und leichtzerstörbar sind die Zärtlichen —   140
Dann stillet nichts sie wieder, brennend
Treibt eine Wunde sie, unheilbar gärt
Die Brust. Auch er! so still er scheint,
So glüht ihm doch, seit ihm das Volk mißfällt,
Im Busen die tyrannische Begierde.   145
Er oder wir! Und Schaden ist es nicht,
So wir ihn opfern. Untergehen muß
Er doch!
MEKADES. O reiz ihn nicht! schaff ihr nicht Raum und laß
    Sie sich ersticken, die verschloßne Flamme!   150
    Laß ihn! gib ihm nicht Anstoß! findet den
    Zu frecher Tat der Übermütge nicht,
    Und kann er nur im Worte sündigen,
    So stirbt er, als ein Tor, und schadet uns
    Nicht viel. Ein kräftger Gegner macht ihn furchtbar.   155
    Sieh nur, dann erst, dann fühlt er seine Macht.
HERMOKRATES. Du fürchtest ihn und alles, armer Mann!
MEKADES. Ich mag die Reue nur mir gerne sparen,
    Mag gerne schonen, was zu schonen ist.
    Das braucht der Priester nicht, der alles weiß,   160
    Der Heilge, der sich alles heiliget.
HERMOKRATES. Begreife mich, Unmündiger! eh du
    Mich lästerst. Fallen muß der Mann; ich sag
    Es dir und glaube mir, wär er zu schonen,
    Ich würd es mehr, wie du. Denn näher ist   165
    Er mir, wie dir. Doch lerne dies:
    Verderblicher denn Schwert und Feuer ist
    Der Menschengeist, der götterähnliche,
    Wenn er nicht schweigen kann und sein Geheimnis
    Unaufgedeckt bewahren. Bleibt er still   170
    In seiner Tiefe ruhn, und gibt, was not ist,
    Wohltätig ist er dann; ein fressend Feuer,
    Wenn er aus seiner Fessel bricht.
    Hinweg mit ihm, der seine Seele bloß
    Und ihre Götter gibt, verwegen   175

Aussprechen will Unauszusprechendes,
Und sein gefährlich Gut, als wär es Wasser,
Verschüttet und vergeudet; schlimmer ists
Wie Mord, und du, du redest für diesen?
180 Bescheide dich! Sein Schicksal ists. Er hat
Es sich gemacht, und leben soll wie er,
Zuschanden werden und vergehn wie er,
In Weh und Torheit jeder,
Der Göttliches verrät, und allverkehrend
185 Verborgenherrschendes
In Menschenhände liefert!
Er muß hinab!
MEKADES. So teuer büßen muß er, der sein Bestes
Aus voller Seele Sterblichen vertraut?
190 HERMOKRATES. Er mag es, doch es bleibt die Nemesis
Nicht aus. Mag große Worte sagen, mag
Entwürdigen das keuschverschwiegne Leben,
Ans Tageslicht das Gold der Tiefe ziehn;
Er mag es brauchen, was zum Brauche nicht
195 Den Sterblichen gegeben ist, ihn wirds
Zuerst zugrunde richten — hat es ihm
Den Sinn nicht schon verwirrt? ist ihm
Bei seinem Volke denn die volle Seele,
Die zärtliche, nicht schon genug verwildert?
200 Wie ist er nun ein Eigenmächtiger
Geworden, dieser Allmitteilende,
Der gütge Mann! wie ist er so verwandelt
Zum Frechen, der wie seiner Hände Spiel
Die Götter und die Menschen achtet!
205 MEKADES. Du redest schröcklich, Priester, und es dünkt
Dein dunkel Wort mir wahr. Es sei!
Du hast zum Werke mich. Nur weiß ich nicht,
Wo er zu fassen ist. Es sei der Mann
So groß er will, zu richten ist nicht schwer;
210 Doch mächtig sein des Übermächtigen,
Der wie ein Zauberer die Menge leitet,
Es dünkt ein anders mir, Hermokrates.

HERMOKRATES. Gebrechlich ist sein Zauber, Kind, und
   leichter,
Denn nötig ist, hat er es uns bereitet.
Es wandte zur gelegnen Stunde sich   215
Sein Unmut um, der stolze stillempörte Sinn
Befeindet itzt sich selber; hätt er auch
Die Macht, er achtets nicht, er trauert nur,
Und siehet seinen Fall; er sucht
Rückkehrend das verlorne Leben,   220
Den Gott, den er aus sich hinweggeschwätzt.
Versammle mir das Volk; ich klag ihn an,
Ruf über ihn den Fluch, erschrecken sollen sie
Vor ihrem Abgott, sollen ihn
Hinaus verstoßen in die Wildnis,   225
Und nimmer wiederkehrend soll er dort
Mirs büßen, daß er mehr, wie sich gebührt,
Verkündiget den Sterblichen.
MEKADES. Doch wes beschuldigest du ihn?
HERMOKRATES. Die Worte, so du mir genannt,   230
   Sie sind genug.
MEKADES. Mit dieser schwachen Klage
   Willst du das Volk ihm von der Seele ziehn?
HERMOKRATES. Zu rechter Zeit hat jede Klage Kraft,
   Und nicht gering ist diese.   235
MEKADES. Und klagtest du des Mords ihn an vor ihnen,
   Es wirkte nichts.
HERMOKRATES. Dies eben ists! die offenbare Tat
   Vergeben sie, die Aberglaubigen;
   Unsichtbar Ärgernis für sie,   240
   Unheimlich muß es sein! ins Auge muß es
   Sie treffen, das bewegt die Blöden.
MEKADES. Es hängt ihr Herz an ihm; das bändigest,
   Das lenkst du nicht so leicht! Sie lieben ihn!
HERMOKRATES. Sie lieben ihn? ja wohl! solang er blüht’   245
   Und glänzt’
                    naschen sie.
Was sollen sie mit ihm, nun er

Verdüstert ist, verödet? Da ist nichts,
250 Was nützen könnt und ihre lange Zeit
Verkürzen; abgeerntet ist das Feld,
Verlassen liegts, und nach Gefallen gehn
Der Sturm und unsre Pfade drüber hin.
MEKADES. Empör ihn nur! empör ihn! siehe zu!
255 HERMOKRATES. Ich hoffe, Mekades! er ist geduldig.
MEKADES. So wird sie der Geduldige gewinnen!
HERMOKRATES. Nichts weniger!
MEKADES. Du achtest nichts, wirst dich
Und mich und ihn und alles verderben.
260 HERMOKRATES. Das Träumen und das Schäumen
Der Sterblichen, ich acht es wahrlich nicht!
Sie möchten Götter sein, und huldigen
Wie Göttern sich, und eine Weile dauerts!
Sorgst du, es möchte sie der Leidende
265 Gewinnen, der Geduldige?
Empören wird er gegen sich die Toren,
An seinem Leide werden sie den teuern
Betrug erkennen, werden unbarmherzig
Ihms danken, daß der Angebetete
270 Doch auch ein Schwacher ist; und ihm
Geschiehet recht, warum bemengt er sich
Mit ihnen? . . .
MEKADES. Ich wollt, ich wär aus dieser Sache, Priester!
HERMOKRATES. Vertraue mir und scheue nicht, was not ist.
275 MEKADES. Dort kömmt er. Suche nur dich selbst,
Du irrer Geist! indes verlierst du alles.
HERMOKRATES. Laß ihn! hinweg!

ZWEITER AUFTRITT

EMPEDOKLES (*allein*).   ʹAꜱ I E, I 3
In meine Stille kamst du leise wandelnd,
Fandst drinnen in der Halle Dunkel mich aus,
280 Du Freundlicher! du kamst nicht unverhofft,

Und fernher wirkend über der Erde vernahm
Ich wohl dein Wiederkehren, schöner Tag!
Und meine Vertrauten, euch, ihr schnellgeschäftgen
Kräfte der Höh! — und nahe seid auch ihr
Mir wieder, seid wie sonst, ihr Glücklichen,   285
Ihr irrelosen Bäume meines Hains!
Ihr ruhetet und wuchst, und täglich tränkte
Des Himmels Quelle die Bescheidenen
Mit Licht, und Lebensfunken säte
Befruchtend auf die Blühenden der Aether. —   290
O innige Natur! ich habe dich
Vor Augen, kennst du den Freund noch,
Den Hochgeliebten, kennst du mich nimmer?
Den Priester, der lebendigen Gesang,
Wie frohvergoßnes Opferblut, dir brachte?   295

O bei den heilgen Brunnen,
Wo Wasser aus Adern der Erde
Sich sammeln und
Am heißen Tag
Die Dürstenden erquicken! in mir,   300
In mir, ihr Quellen des Lebens, strömtet
Aus Tiefen der Welt ihr einst
Zusammen, und es kamen
Die Dürstenden zu mir — wie ists denn nun?
Vertrauert? bin ich ganz allein?   305
Und ist es Nacht hier außen auch am Tage?
Der Höhers, denn ein sterblich Auge, sah,
Der Blindgeschlagene tastet nun umher — und wandeln soll
Er nun so fort, der Langverwöhnte,
Der selig oft mit allen Lebenden   310
Ihr Leben, ach! in heiligschöner Zeit
Sie wie das Herz gefühlt von einer Welt
Und ihren königlichen Götterkräften!
Verdammt in seiner Seele soll er so
Da hingehn, ausgestoßen? freundlos er,   315
Der Götterfreund? an seinem Nichts

Und seiner Nacht sich weiden immerdar,
Unduldbares duldend, gleich den Schwächlingen, die
Ans Tagewerk im scheuen Tartarus
320 Geschmiedet sind. Was, daherab
Gekommen? um nichts? ha! Eines,
Eins mußtet ihr mir lassen! Tor! bist du
Derselbe doch und träumst, als wärest du
Ein Schwacher. *Einmal* noch! noch *einmal*
325 Soll mirs lebendig werden, und ich wills!
Fluch oder Segen! täusche nun die Kraft,
Demütiger! dir nimmer aus dem Busen!
Weit will ichs um mich machen, tagen solls
Von eigner Flamme mir! Du sollst
330 Zufrieden werden, armer Geist,
Gefangener! sollst frei und groß und reich
In eigner Welt dich fühlen —
Und wieder einsam, weh! und wieder einsam?

Weh! einsam! einsam! einsam!
335 Und nimmer find ich
Euch, meine Götter,
Und nimmer kehr ich
Zu deinem Leben, Natur!
Dein Geächteter! — weh! hab ich doch auch
340 Dein nicht geachtet, dein
Mich überhoben, hast du
Umfangend doch mit den warmen Fittichen einst,
Du Zärtliche! mich vom Schlafe gerettet!
Den Törigen, ihn, den Nahrungsscheuen,
345 Mitleidig schmeichelnd zu deinem Nektar
Gelockt, damit er trank und wuchs
Und blüht', und mächtig geworden und trunken
Dir ins Angesicht höhnt' — o Geist,
Geist, der mich groß genährt, du hast
350 Dir deinen Herrn, hast, alter Saturn,
Dir einen neuen Jupiter
Gezogen, einen schwächern nur und frechern.

Denn schmähen kann die böse Zunge dich nur.
Ist nirgend ein Rächer, und muß ich denn allein
Den Hohn und Fluch in meine Seele sagen?   355
Muß einsam sein auch so?

DRITTER AUFTRITT

Empedokles. Pausanias

. . .

EMPEDOKLES. Ich fühle nur des Tages Neige, Freund!
Und dunkel will es werden mir und kalt!
Es gehet rückwärts, Lieber! nicht zur Ruh,
Wie wenn der beutefrohe Vogel sich   360
Das Haupt verhüllt zu frischerwachendem,
Zufriednem Schlummer, anders ists mit mir!
Erspare mir die Klage!
PAUSANIAS.   Ich faß es nicht.
Sehr fremde bist du mir geworden,
Mein Empedokles! kennest du mich nicht?   365
Und kenn ich nimmer dich, du Herrlicher? —
Du konntst dich so verwandeln, konntest so
Zum Rätsel werden, edel Angesicht,
Und so zur Erde beugen darf der Gram
Die Lieblinge des Himmels? Bist du denn   370
Es nicht? Und sieh! wie danken dir es all',
Und so in goldner Freude mächtig war
Kein anderer, wie du, in seinem Volke.
EMPEDOKLES. Sie ehren mich? o sag es ihnen doch,
Sie sollens lassen — übel steht   375
Der Schmuck mir an, und welkt
Das grüne Laub doch auch
Dem ausgerißnen Stamme!
PAUSANIAS. Noch stehst du ja, und frisch Gewässer spielt
Um deine Wurzel dir, es atmet mild   380
Die Luft um deine Gipfel, nicht von Vergänglichem
Gedeiht dein Herz; es walten über dir
Unsterblichere Kräfte.

EMPEDOKLES. Du mahnest mich der Jugendtage, Lieber!
385 PAUSANIAS. Noch schöner dünkt des Lebens Mitte mir.
    EMPEDOKLES. Und gerne sehen, wenn es nun
        Hinab sich neigen will, die Augen
        Der Schnellhinschwindenden noch *einmal*
        Zurück, der Dankenden. O jene Zeit!
390   Ihr Liebeswonnen, da die Seele mir
        Von Göttern, wie Endymion, geweckt,
        Die kindlich schlummernde, sich öffnete,
        Lebendig sie, die Immerjugendlichen,
        Des Lebens große Genien
395   Erkannte — schöne *Sonne*! Menschen hatten mich
        Es nicht gelehrt, mich trieb mein eigen Herz
        Unsterblich liebend zu Unsterblichen,
        Zu dir, zu dir, ich konnte Göttlichers
        Nicht finden, stilles Licht! und so wie du
400   Das Leben nicht an deinem Tage sparst
        Und sorgenfrei der goldnen Fülle dich
        Entledigest, so gönnt auch ich, der Deine,
        Den Sterblichen die beste Seele gern
        Und furchtlosoffen gab
405   Mein Herz, wie du, der ernsten *Erde* sich,
        Der schicksalvollen; ihr in Jünglingsfreude
        Das Leben so zu eignen bis zuletzt,
        Ich sagt ihrs oft in trauter Stunde zu,
        Band so den teuern Todesbund mit ihr.
410   Da rauscht' es anders, denn zuvor, im Hain,
        Und zärtlich tönten ihrer Berge Quellen —
        All deine Freuden, *Erde!* wahr, wie sie,
        Und warm und voll, aus Müh und Liebe reifen,
        Sie alle gabst du mir. Und wenn ich oft
415   Auf stiller Bergeshöhe saß und staunend
        Der Menschen wechselnd Irrsal übersann,
        Zu tief von deinen Wandlungen ergriffen,
        Und nah mein eignes Welken ahndete,
        Dann atmete der *Aether*, so wie dir,
420   Mir heilend um die liebeswunde Brust,

Und, wie Gewölk der Flamme, löseten
Im hohen Blau die Sorgen mir sich auf.
PAUSANIAS. O Sohn des Himmels!
EMPEDOKLES. Ich war es, ja! und möcht es nun erzählen,
Ich Armer! möcht es *einmal* noch   425
Mir in die Seele rufen,
Das Wirken deiner Geniuskräfte,
Der Herrlichen, deren Genoß ich war, o Natur!
Daß mir die stumme todesöde Brust
Von deinen Tönen allen widerklänge!   430
Bin ich es noch? o Leben! und rauschten sie mir,
All deine geflügelten Melodien, und hört
Ich deinen alten Einklang, große Natur?
Ach! ich der Einsame, lebt' ich nicht
Mit dieser heilgen Erd und diesem Licht   435
Und dir, von dem die Seele nimmer läßt,
O Vater Aether! und mit allen Lebenden,
Der Götter Freund, im gegenwärtigen
Olymp? Ich bin hinausgeworfen, bin
Ganz einsam, und das Weh ist nun   440
Mein Tagsgefährt' und Schlafgenosse mir.
Bei mir ist nicht der Segen, geh!
Geh! frage nicht! denkst du, ich träum?
O sieh mich an! und wundre des dich nicht,
Du Guter, daß ich daherab   445
Gekommen bin; des Himmels Söhnen ist,
Wenn überglücklich sie geworden sind,
Ein eigner Fluch beschieden.
PAUSANIAS. Ich duld es nicht,
Weh! solche Reden! du? ich duld es nicht.   450
Du solltest so die Seele dir und mir
Nicht ängstigen. Ein böses Zeichen dünkt
Es mir, wenn so der Geist, der immerfrohe, sich
Der Mächtigen unwölket.
EMPEDOKLES. Fühlst du's? Es deutet, daß er bald   455
Zur Erd hinab im Ungewitter muß.
PAUSANIAS. O laß den Unmut, Lieber!

O dieser, was tat er euch, dieser Reine,
Daß ihm die Seele so verfinstert ist,
460 Ihr Todesgötter! haben die Sterblichen denn
Kein Eigenes nirgendswo, und reicht
Das Furchtbare denn ihnen bis ans Herz
Und herrscht es in der Brust den Stärkeren noch,
Das ewige Schicksal? Bändige den Gram
465 Und übe deine Macht; bist du es doch,
Der mehr vermag, denn andere; o sieh
An meiner Liebe, wer du bist,
Und denke dein, und lebe!
EMPEDOKLES. Du kennest mich und dich und Tod und Leben
nicht.
470 PAUSANIAS. Den Tod, ich kenn ihn wenig nur,
Denn wenig dacht ich seiner.
EMPEDOKLES. Allein zu sein,
Und ohne Götter, ist der Tod.
PAUSANIAS. Laß ihn, ich kenne *dich*, an deinen Taten
475 Erkannt ich dich, in seiner Macht
Erfuhr ich deinen Geist und seine Welt,
Wenn oft ein Wort von dir
Im heilgen Augenblick
Das Leben vieler Jahre mir erschuf,
480 Daß eine neue große Zeit von da
Dem Jünglinge begann. Wie zahmen Hirschen,
Wenn ferne rauscht der Wald und sie
Der Heimat denken, schlug das Herz mir oft,
Wenn du vom Glück der alten Urwelt sprachst,
485 Der reinen Tage kundig, und dir lag
Das ganze Schicksal offen; zeichnetest
Du nicht der Zukunft große Linien
Mir vor das Auge, sichern Blicks, wie Künstler
Ein fehlend Glied zum ganzen Bilde reihn?
490 Und kennst du nicht die Kräfte der Natur,
Daß du vertraulich wie kein Sterblicher
Sie, wie du willst, in stiller Herrschaft lenkest?
EMPEDOKLES. Recht! alles weiß ich, alles kann ich meistern.

Wie meiner Hände Werk, erkenn ich es
Durchaus, und lenke, wie ich will,   495
Ein Herr der Geister, das Lebendige.
Mein ist die Welt, und untertan und dienstbar
Sind alle Kräfte mir,
              zur Magd ist mir
Die herrnbedürftige Natur geworden,
Und hat sie Ehre noch, so ists von mir.   500
Was wäre denn der Himmel und das Meer
Und Inseln und Gestirn, und was vor Augen
Den Menschen alles liegt, was wär es,
Dies tote Saitenspiel, gäb ich ihm Ton   505
Und Sprach und Seele nicht? was sind
Die Götter und ihr Geist, wenn ich sie nicht
Verkündige? nun! sage, wer bin ich?
PAUSANIAS. Verhöhne nur im Unmut dich und alles,
Was Menschen herrlich macht,   510
Ihr Wirken und ihr Wort, verleide mir
Den Mut im Busen, schröcke mich zurück.
O sprich es nur heraus! du hassest dich
Und was dich liebt und was dir gleichen möcht.
Ein anders willst du, denn du bist, genügst dir   515
In deiner Ehre nicht und opferst dich an Fremdes.
Du willst nicht bleiben, willst
Zugrunde gehen.
EMPEDOKLES. Unschuldiger!
PAUSANIAS. Und dich verklagst du?   520
EMPEDOKLES (*mit Ruhe*). Wirken soll der Mensch,
Der sinnende, soll entfaltend
Das Leben um ihn fördern und heitern;
              denn hoher Bedeutung voll,
Voll schweigender Kraft umfängt   525
Den ahnenden, daß er bilde die Welt,
Die große Natur.
Daß ihren Geist hervor er rufe, strebt
Tief wurzelnd
Das gewaltige Sehnen ihm auf.   530

Und viel vermag er und herrlich ist
Sein Wort, es wandelt die Welt
Und unter den Händen
. . .

Panthea. Delia

PANTHEA.
. . .
Hast du doch, menschlich Irrsal!
535   Ihm nicht das Herz verwöhnt,
Du Unbedeutendes! was gabst
Du, Armes, ihm? Nun da der Mann
Zu seinen Göttern fort sich sehnt,
Wundern sie sich, als hätten sie,
540   Die Törigen, ihm die hohe Seele geschaffen.
Umsonst nicht sind, o, die du alles ihm
Gegeben, Natur!
Vergänglicher deine Liebsten, denn andre!
Ich weiß es wohl!
545   Sie kommen und werden groß, und keiner sagt,
Wie sies geworden, so entschwinden sie auch,
Die Glücklichen! wieder, ach! laßt sie doch!
DELIA. Ists denn nicht schön,
Bei Menschen wohnen? Es weiß
550   Mein Herz von andrem nicht, es ruht
In diesem Einen, aber traurig dunkel droht
Vor meinem Auge das Ende
Des Unbegreiflichen, und du heißest ihn auch
Hinweggehn, Panthea?
555 PANTHEA. Ich muß. Wer will ihn binden?
Ihm sagen, 'mein bist du'?
Ist doch sein eigen der Lebendige
Und nur sein Geist ihm Gesetz.
Und soll er, die Ehre der Sterblichen
560   Zu retten, die ihn geschmäht,
Verweilen, wenn ihm

Der Vater die Arme,
Der Aether, öffnet?
DELIA. Sieh! herrlich auch
Und freundlich ist die Erde.   565
PANTHEA. Ja herrlich, und herrlicher itzt.
Es darf nicht unbeschenkt
Von ihr ein Kühner scheiden.
Noch weilt er wohl
Auf deiner grünen Höhen einer, o Erde,   570
Du Wechselnde!
Und siehet über die wogenden Hügel
Hinab ins freie Meer! und nimmt
Die letzte Freude sich. Vielleicht sehn wir
Ihn nimmer. Gutes Kind!   575
Mich trifft es freilich auch und gerne möcht
Ichs anders, doch ich schäme dessen mich.
Tut er es ja! Ists so nicht heilig?
DELIA. Wer ist der Jüngling, der
Vom Berge dort herabkömmt?   580
PANTHEA. Pausanias. Ach! müssen wir so
Uns wiederfinden, Vaterloser?

Panthea. Delia. Pausanias

PAUSANIAS. Wo ist er? o Panthea!
Du ehrst ihn, suchest ihn auch,
Willst *einmal* noch ihn sehn,   585
Den furchtbarn Wanderer, ihn, dem allein
Beschieden ist, den Pfad zu gehen mit Ruhm,
Den ohne Fluch betritt kein anderer.
PANTHEA. Ists fromm von ihn und groß,
Das Allgefürchtete?   590
Wo ist er?
PAUSANIAS. Er sandte mich hinweg, indessen sah
Ich ihn nicht wieder. Droben rief
Ich im Gebürg ihn, doch ich fand ihn nicht.

DTDE—K

595 Er kehrt gewiß. Bis in die Nacht
Versprach er freundlich mir zu bleiben.
O käm er! Es flieht, geschwinder wie Pfeile,
Die liebste Stunde vorüber.
Denn freuen werden wir uns noch mit ihm.
600 Du wirst es, Panthea, und sie,
Die edle Fremdlingin, die ihn
Nur *einmal* sieht, ein herrlich Meteor.
Von seinem Tode, ihr Weinenden,
Habt ihr gehört?
605 Ihr Trauernden! o sehet ihn
In seiner Blüte, den Hohen,
Ob Trauriges nicht
Und was den Sterblichen schröcklich dünkt,
Sich sänftige vor seligem Auge.
610 DELIA. Wie liebst du ihn! und batest umsonst
Den Ernsten? mächtger ist, denn er,
Die Bitte, Jüngling! und ein schöner Sieg
Wärs dir gewesen!
PAUSANIAS. Wie konnt ich? trifft
615 Er doch die Seele mir, wenn er
Antwortet, was sein Will ist.
Denn Freude nur gibt sein Versagen,
Und es tönt, je mehr auf Seinem
Der Wunderbare besteht,
620 Nur tiefer das Herz ihm wider. Es ist
Nicht eitel Überredung, glaub es mir,
Wenn er des Lebens sich
Bemächtiget.
Oft wenn er stille war
625 In seiner Welt,
Der Hochgenügsame, sah ich ihn
Nur dunkel ahnend, rege war
Und voll die Seele mir, doch konnt ich nicht
Sie fühlen, und es ängstigte mich fast
630 Die Gegenwart des Unberührbaren.
Doch kam entscheidend von seiner Lippe das Wort,

Dann tönt' ein Freudenhimmel nach in ihm
Und mir und ohne Widerred
Ergriff es mich, doch fühlt ich nur mich freier.
Ach! könnt er irren, inniger   635
Erkennt ich daran den unerschöpflich Wahren,
Und stirbt er, so flammt aus seiner Asche nur heller
Der Genius mir empor.
DELIA. Dich entzündet, große Seele! der Tod
Des Großen, aber es sonnen   640
Die Herzen der Sterblichen auch
An mildem Lichte sich gern, und heften
Die Augen an Bleibendes. O sage, was soll
Noch leben und dauern? Die Stillsten reißt
Das Schicksal doch hinaus, und haben   645
Sie ahnend sich gewagt, verstößt
Es bald die Trauten wieder, und es stirbt
An ihren Hoffnungen die Jugend.
In seiner Blüte bleibt
Kein Lebendes — ach! und die Besten,   650
Noch treten zur Seite der tilgenden,
Der Todesgötter, auch sie, und gehen dahin
Mit Lust, und machen zur Schmach es uns,
Bei Sterblichen zu weilen!
PAUSANIAS. Verdammest du   655

DELIA. O warum lässest du
Zu sterben deinen Helden
So leicht es werden, Natur?
Zu gern nur, Empedokles,
Zu gerne opferst du dich.   660
Die Schwachen wirft das Schicksal um, und die andern,
Die Starken, achten es gleich, zu fallen, zu stehn,
Und werden wie die Gebrechlichen.
PAUSANIAS. Du Herrlicher! was du littest,
Das leidet kein Knecht,   665
Und ärmer denn die andern Bettler
Durchwandertest du das Land.

Ja! freilich wahr ists,
Nicht die Verworfensten
670 Sind elend, wie eure Lieben, wenn einmal
Schmähliches sie berührt, ihr Götter!
Schön hat ers genommen.
PANTHEA. O nicht wahr?
Wie sollt er auch nicht?
675 Muß immer und immer doch,
Was übermächtig ist,
Der Genius überleben — gedachtet ihr,
Es halte der Stachel ihn auf?
Es beschleunigen ihm
680 Die Schmerzen den Flug,
Und wie der Wagenlenker,
Wenn ihm in der Bahn das Rad
Zu rauchen beginnt, eilt
Der Gefährdete nur schneller zum Kranze!
685 DELIA. So freudig bist du, Panthea?
PANTHEA. Nicht in der Blüt und Purpurtraub
Ist heilge Kraft allein, es nährt
Das Leben vom Leide sich, Schwester!
Und trinkt, wie mein Held, doch auch
690 Am Todeskelche sich glücklich!
DELIA. Weh! mußt du so
Dich trösten, Kind?
PANTHEA. O nicht! es freuet mich nur,
Daß heilig, wenn es geschehn muß,
695 Das Gefürchtete, daß es herrlich geschieht.
Sind nicht, wie er, auch
Der Heroen einige zu den Göttern gegangen?
Erschrocken kam, lautweinend
Vom Berge das Volk, ich sah
700 Nicht einen, ders ihm hätte gelästert;
Denn nicht, wie die Verzweifelnden,
Entfliehet er heimlich, sie hörten es all,
Und ihnen glänzt' im Leide das Angesicht
Vom Worte, das er gesprochen —

PAUSANIAS. So gehet festlich hinab	705
  Das Gestirn und trunken
  Von seinem Lichte glänzen die Täler!
PANTHEA. Wohl geht er festlich hinab —
  Der Ernste, dein Liebster, Natur!
  Dein Treuer, dein Opfer!	710
  O die Todesfürchtigen lieben dich nicht,
  Täuschend fesselt ihnen die Sorge
  Das Aug, an deinem Herzen
  Schlägt dann nicht mehr ihr Herz, sie verdorren,
  Geschieden von dir — o heilig All!	715
  Lebendiges! inniges! dir zum Dank
  Und daß er zeuge von dir, du Todesloses!
  Wirft lächelnd seine Perlen ins Meer,
  Aus dem sie kamen, der Kühne.
  So mußt es geschehn.	720
  So will es der Geist
  Und die reifende Zeit,
  Denn *einmal* bedurften
  Wir Blinden des Wunders.

B. DER TOD DES EMPEDOKLES. DRITTE FASSUNG

⟨EMPEDOKLES AUF DEM AETNA⟩

PERSONEN

EMPEDOKLES
PAUSANIAS, sein Freund
MANES, ein Aegyptier
STRATO, Herr von Agrigent, Bruder des Empedokles
PANTHEA, seine Schwester
GEFOLGE
CHOR der Agrigentiner

ERSTER AKT

ERSTER AUFTRITT

EMPEDOKLES (*vom Schlaf erwachend*).
Euch ruf ich über das Gefild herein
Vom langsamen Gewölk, ihr heißen Strahlen
Des Mittags, ihr Gereiftesten, daß ich
An euch den neuen Lebenstag erkenne.
Denn anders ists wie sonst! vorbei, vorbei   5
Das menschliche Bekümmernis! Als wüchsen
Mir Schwingen an, so ist mir wohl und leicht
Hier oben, hier, und reich genug und froh
Und herrlich wohn ich, wo den Feuerkelch,
Mit Geist gefüllt bis an den Rand, bekränzt   10
Mit Blumen, die er selber sich erzog,
Gastfreundlich mir der Vater Aetna beut.
Und wenn das unterirdische Gewitter,
Itzt festlich auferwacht, zum Wolkensitz
Des nahverwandten Donnerers hinauf   15
Zur Freude fliegt, da wächst das Herz mir auch.
Mit Adlern sing ich hier Naturgesang.
Das dacht er nicht, daß in der Fremde mir
Ein anders Leben blühte, da er mich
Mit Schmach hinweg aus unsrer Stadt verwies,   20
Mein königlicher Bruder. Ach! er wußt es nicht,
Der kluge, welchen Segen er bereitete,
Da er vom Menschenbande los, da er mich frei
Erklärte, frei, wie Fittiche des Himmels.
Drum galt es auch! drum ward es auch erfüllt!   25
Mit Hohn und Fluch drum waffnete das Volk,
Das mein war, gegen meine Seele sich

Und stieß mich aus, und nicht vergebens gellt'
Im Ohre mir das hundertstimmige
30   Gelächter, da der fromme Träumer,
Der närrische, des Weges weinend ging.
Beim Totenrichter! wohl hab ichs verdient!
Und heilsam wars; die Kranken heilt das Gift,
Und eine Sünde straft die andere.
35   Denn viel gesündiget hab ich von Jugend auf,
Die Menschen menschlich nie geliebt, gedient,
Wie Wasser nur und Feuer blinder dient.
Darum begegneten auch menschlich mir
Sie nicht, o darum schändeten sie mir
40   Mein Angesicht, und hielten mich, wie dich,
Allduldende Natur! Du hast mich auch,
Du hast mich, und es dämmert zwischen dir
Und mir die alte Liebe wieder auf.
Du rufst, du ziehst mich nah und näher an.
45   Vergessenheit — o wie ein glücklich Segel
Bin ich vom Ufer los, des Lebens Welle
            mich von selbst
Und wenn die Woge wächst, und ihren Arm
Die Mutter um mich breitet, o was möcht
50   Ich auch, was möcht ich fürchten. Andre mag
Es freilich schröcken. Denn es ist ihr Tod.
O du mir wohlbekannt, du zauberische
Furchtbare Flamme! wie so stille wohnst
Du da und dort, wie scheuest du dich selbst
55   Und fliehest dich, du Seele des Lebendigen!
Lebendig wirst du mir und offenbar;
Mir birgst du dich, gebundner Geist, nicht länger;
Mir wirst du helle, denn ich fürcht es nicht.
Denn sterben will ja ich. Mein Recht ist dies.
60   Ha! Götter! schon, wie Morgenrot, ringsum
Und drunten tost der alte Zorn vorüber!
Hinab, hinab ihr klagenden Gedanken!
Sorgfältig Herz! ich brauche nun dich nimmer.
Und hier ist kein Bedenken mehr. Es ruft

Der Gott — (*da er den Pausanias gewahr wird*)
        und diesen Allzutreuen muß   65
Ich auch befrein, mein Pfad ist seiner nicht.

ZWEITER AUFTRITT

Empedokles. Pausanias

PAUSANIAS. Du scheinest freudig auferwacht, mein Wanderer!
EMPEDOKLES. Schon hab ich, Lieber, und vergebens nicht,
    Mich in der neuen Heimat umgesehn.
    Die Wildnis ist mir hold, auch dir gefällt   70
                die edle Burg,
                        unser Aetna.
PAUSANIAS. Sie haben uns verbannt, sie haben dich,
    Du Gütiger! geschmäht, und glaub es mir,
    Unleidlich warst du ihnen längst.   75
    In ihre Trümmer schien, in ihre Nacht
    Zu helle den Verzweifelten das Licht.
    Nun mögen sie vollenden, ungestört
    Im uferlosen Sturm, indes den Stern
    Die Wolke birgt, ihr Schiff im Kreise treiben.   80
    Das wußt ich wohl, du Göttlicher! an dir
    Entweicht der Pfeil, der andre trifft und wirft.
    Und ohne Schaden, wie am Zauberstab
    Die zahme Schlange, spielt' um dich von je
    Die ungetreue Menge, die du zogst,   85
    Die du am Herzen hegtest, Liebender!
    Nun! laß sie nur! sie mögen ungestalt,
    Lichtscheu am Boden taumeln, der sie trägt,
    Und allbegehrend, allgeängstiget
    Sich müde rennen; brennen mag der Brand,   90
    Bis er erlischt — wir wohnen ruhig hier!
EMPEDOKLES. Ja! ruhig wohnen wir; es öffnen groß
    Sich hier vor uns die heilgen Elemente.
    Die Mühelosen regen immergleich
    In ihrer Kraft sich freudig hier um uns.   95

An seinen festen Ufern wallt und ruht
Das alte Meer, und das Gebirge steigt
Mit seiner Ströme Klang, es wogt und rauscht
Sein grüner Wald von Tal zu Tal hinunter.
100 Und oben weilt das Licht, der Aether stillt
Den Geist und das geheimere Verlangen.
Hier wohnen ruhig wir!
PAUSANIAS.   So bleibst du wohl
Auf diesen Höhn, und lebst in deiner Welt.
Ich diene dir und sehe, was uns not ist.
105 EMPEDOKLES. Nur weniges ist not, und selber mag
Ich gerne dies von jetzt an mir besorgen.
PAUSANIAS. Doch, Lieber! hab ich schon für einiges,
Was du zuerst bedarfst, zuvorgesorgt.
EMPEDOKLES. Weißt du, was ich bedarf?
PAUSANIAS.   Als wüßt ich nicht,
110 Womit genügt dem Hochgenügsamen.
Und wie das Leben, das zu lieber Not
Der innigen Natur geworden ist,
Das kleinste dem Vertrauten viel bedeutet.
Indes du gut auf kahler Erde hier
115 In heißer Sonne schliefst, gedacht ich doch,
Ein weicher Boden und die kühle Nacht
In einer sichern Halle wäre besser.
Auch sind wir hier, die Allverdächtigen,
Den Wohnungen der andern fast zu nah.
120 Nicht lange wollt ich ferne sein von dir
Und eilt hinauf und glücklich fand ich bald,
Für dich und mich gebaut, ein ruhig Haus:
Ein tiefer Fels, von Eichen dicht umschirmt,
Dort in der dunkeln Mitte des Gebirgs,
125 Und nah entspringt ein Quell, es grünt umher
Die Fülle guter Pflanzen, und zum Bett
Ist Überfluß von Laub und Gras bereitet.
Da lassen sie dich ungeschmäht, und tief und still
Ists, wenn du sinnst und wenn du schläfst, um dich.
130 Ein Heiligtum ist mir mit dir die Grotte.

Komm, siehe selbst, und sage nicht, ich tauge
Dir künftig nicht, wem taugt ich anders denn?
EMPEDOKLES. Du taugst zu gut.
PAUSANIAS.   Wie könnt ich dies?
EMPEDOKLES.   Auch du
Bist allzutreu, du bist ein töricht Kind.
PAUSANIAS. Das sagst du wohl, doch Klügers weiß ich nicht,   135
Wie des zu sein, dem ich geboren bin.
EMPEDOKLES. Wie bist du sicher?
PAUSANIAS.   Warum denn nicht?
Wofür denn hättest du auch einst, da ich,
Der Waise gleich, am heldenarmen Ufer
Mir einen Schutzgott sucht' und traurig irrte,   140
Du Gütiger, die Hände mir gereicht?
Wofür mit irrelosem Auge wärst du
Auf deiner stillen Bahn, du edles Licht,
In meiner Dämmerung mir aufgegangen?
Seitdem bin ich ein anderer, und dein,   145
Und näher dir und einsamer mit dir,
Wächst froher nur die Seele mir und freier.
EMPEDOKLES. O still davon!
PAUSANIAS.   Warum? Was ists? wie kann
Ein freundlich Wort dich irren, teurer Mann?
EMPEDOKLES. Geh! folge mir, und schweig und schone mich   150
Und rege du nicht auch das Herz mir auf. —
Habt ihr zum Dolche die Erinnerung
Nicht mir gemacht? nun wundern sie sich noch
Und treten vor das Auge mir und fragen.
Nein! du bist ohne Schuld — nur kann ich, Sohn!   155
Was mir zu nahe kömmt, nicht wohl ertragen.
PAUSANIAS. Und mich, mich stößest du von dir? o denk an
    dich,
Sei, der du bist, und siehe mich, und gib,
Was ich nun weniger entbehren kann,
Ein gutes Wort aus reicher Brust mir wieder.   160
EMPEDOKLES. Erzähle, was dir wohlgefällt, dir selbst,
Für mich ist, was vorüber ist, nicht mehr.

PAUSANIAS. Ich weiß es wohl, was dir vorüber ist,
Doch du und ich, wir sind uns ja geblieben.
165 EMPEDOKLES. Sprich lieber mir von anderem, mein Sohn!
PAUSANIAS. Was hab ich sonst?
EMPEDOKLES.   Verstehest du mich auch?
Hinweg! ich hab es dir gesagt und sag
Es dir, es ist nicht schön, daß du dich
So ungefragt mir an die Seele dringest,
170 An meine Seite stets, als wüßtest du
Nichts anders mehr, mit armer Angst dich hängst.
Du mußt es wissen, dir gehör ich nicht
Und du nicht mir, und deine Pfade sind
Die meinen nicht; mir blüht es anderswo.
175 Und was ich mein', es ist von heute nicht;
Da ich geboren wurde, wars beschlossen.
Sieh auf und wags! was *eines* ist, zerbricht,
Die Liebe stirbt in ihrer Knospe nicht
Und überall in freier Freude teilt
180 Des Lebens luftger Baum sich auseinander.
Kein zeitlich Bündnis bleibet, wie es ist.
Wir müssen scheiden, Kind! und halte nur
Mein Schicksal mir nicht auf und zaudre nicht.

O sieh! es glänzt der Erde trunknes Bild,
185 Das göttliche, dir gegenwärtig, Jüngling!
Es rauscht und regt sich durch alle Lande
Und wechselt, jung und leicht, mit frommem Ernst
Der geschäfte Reigentanz, womit den Geist
Die Sterblichen, den alten Vater, feiern.
190 Da gehe du und wandle taumellos
Und menschlich mit und denk am Abend mein.
Mir aber ziemt die stille Halle, mir
Die hochgelegene, geräumige,
Denn Ruhe brauch ich wohl, zu träge sind
195 Zum schnellgeschäftigen Spiel der Sterblichen
Die Glieder mir; und hab ich sonst dabei
Ein feiernd Lied in Jugendlust gesungen,

Zerschlagen ist das zarte Saitenspiel.
O Melodien über mir! es war ein Scherz!
Und kindisch wagt ich sonst euch nachzuahmen.   200
Ein fühllos leichtes Echo tönt' in mir
Und unverständlich nach —
Nun hör ich ernster euch, ihr Götterstimmen!
PAUSANIAS. Ich kenne nimmer dich, nur traurig ist
  Mir, was du sagst, doch alles ist ein Rätsel.   205
  Was hab ich auch, was hab ich dir getan,
  Daß du mich so, wie dirs gefällt, bekümmerst
  Und namenlos dein Herz des *einen* noch,
  Des *letzten*, los zu sein, sich freut und müht?
  Das hofft ich nicht, da wir Geächtete   210
  Den Wohnungen der Menschen scheu vorüber
  Zusammen wandelten in wilder Nacht;
  Und darum, Lieber! war ich nicht dabei,
  Wenn mit den Tränen dir des Himmels Regen
  Vom Angesichte troff, und sah es an,   215
  Wenn lächelnd du das rauhe Sklavenkleid
  Mittags an heißer Sonne trocknetest
  Auf schattenlosem Sand, wenn du die Spuren
  Wohl manche Stunde wie ein wundes Wild
  Mit deinem Blute zeichnetest, das auf   220
  Den Felsenpfad von nackter Sohle rann.
  Ach! darum ließ ich nicht mein Haus und lud
  Des Volkes und des Vaters Fluch mir auf,
  Daß du mich, wo du wohnen willst und ruhn,
  Wie ein verbraucht Gefäß, beiseite werfest!   225
  Und willst du weit hinweg? wohin? wohin?
  Ich wandre mit; zwar steh ich nicht, wie du,
  Mit Kräften der Natur in trautem Bunde;
  Mir steht, wie dir, Zukünftiges nicht offen;
  Doch freudig in der Götter Nacht hinaus   230
  Schwingt seine Fittiche mein Sinn und fürchtet
  Noch immer nicht die mächtigeren Blicke.
  Ja! wär ich auch ein Schwacher, dennoch wär
  Ich, weil ich so dich liebe, stark, wie du.

235 Beim göttlichen Herakles! stiegst du auch,
Um die Gewaltigen, die drunten sind,
Versöhnend die Titanen heimzusuchen,
Ins bodenlose Tal, vom Gipfel dort,
Und wagtest dich ins Heiligtum des Abgrunds,
240 Wo duldend vor dem Tage sich das Herz
Der Erde birgt, und ihre Schmerzen dir
Die dunkle Mutter sagt — o du der Nacht,
Des Aethers Sohn! ich folgte dir hinunter!
EMPEDOKLES. So bleib!
PAUSANIAS.   Wie meinst du dies?
EMPEDOKLES.   Du gabst
Dich mir, bist mein; so frage nicht!
245 PAUSANIAS.   Es sei!
EMPEDOKLES. Und sagst du mirs noch einmal, Sohn, und
gibst
Dein Blut und deine Seele mir für immer?
PAUSANIAS. Als hätt ich so ein loses Wort gesagt
Und zwischen Schlaf und Wachen dirs versprochen!
250 Ungläubiger! ich sags und wiederhol es:
Auch dies, auch dies, es ist von heute nicht,
Da ich geboren wurde, wars beschlossen.
EMPEDOKLES. Ich bin nicht, der ich bin, Pausanias,
Und meines Bleibens ist auf Jahre nicht.
255 Ein Schimmer nur, der bald vorüber muß,
Im Saitenspiel ein Ton —
PAUSANIAS.   So tönen sie,
So schwinden sie zusammen in die Luft!
Und freundlich spricht der Widerhall davon.
Versuche nun mich länger nicht und laß
260 Und gönne du die Ehre mir, die mein ist!
Hab ich nicht Leid genug, wie du, in mir?
Wie möchtest du mich noch beleidigen!
EMPEDOKLES. O allesopfernd Herz! und dieser gibt
Schon mir zulieb die goldne Jugend weg!
265 Und ich! o Erd und Himmel! siehe! noch,
Noch bist du nah, indes die Stunde flieht,

Und blühest mir, du Freude meiner Augen!
Noch ists, wie sonst, ich halt im Arme,
Als wärst du mein, wie meine Beute, dich,
Und mich betört der holde Traum noch einmal.   270
Ja! herrlich wärs, wenn in die Grabesflamme
So Arm in Arm statt *eines* Einsamen
Ein festlich Paar am Tagesende ging',
Und gerne nähm ich, was ich hier geliebt,
Wie seine Quellen all ein edler Strom,   275
Der heilgen Nacht zum Opfertrank, hinunter.
Doch besser ists, wir gehen unsern Pfad
Ein jeder, wie der Gott es ihm beschied.
Unschuldiger ist dies, und schadet nicht;
Und billig ists und recht, daß überall   280
Des Menschen Sinn sich eigen angehört.
Und dann — es trägt auch leichter seine Bürde
Und sicherer der Mann, wenn er allein ist.
So wachsen ja des Waldes Eichen auch
Und keines kennt, so alt sie sind, das andre.   285
PAUSANIAS. Wie du es willst! Ich widerstrebe nicht.
Du sagst es mir, und wahr ists wohl, und lieb
Ist billig mir dies letzte Wort von dir.
So gehe ich denn! und störe deine Ruhe
Dir künftig nicht; auch meinest du es gut,   290
Daß meinem Sinne nicht die Stille tauge.
EMPEDOKLES. Doch, Lieber, zürnst du nicht?
PAUSANIAS.   Mit dir? Mit
    dir?
EMPEDOKLES. Was ist es denn? Ja! weißt du nun, wohin?
PAUSANIAS. Gebiet es mir.
EMPEDOKLES.   Es war mein letzt Gebot,
    Pausanias! die Herrschaft ist am Ende.   295
PAUSANIAS. Mein Vater! rate mir!
EMPEDOKLES.   Wohl manches sollt
    Ich sagen, doch verschweig ich dirs,
    Es will zum sterblichen Gespräche fast
    Und eitlem Wort die Zunge nimmer dienen.

300   Sieh! Liebster! anders ists, und leichter schon
      Und freier atm' ich auf, und wie der Schnee
      Des hohen Aetna dort am Sonnenlichte
      Erwarmt und schimmert und zerrinnt und los
      Vom Berge wogt, und Iris' froher Bogen sich,
305   Der blühende, beim Fall der Wogen schwingt,
      So rinnt und wogt vom Herzen mir es los,
      So hallt es weg, was mir die Zeit gehäuft;
      Die Schwere fällt und fällt, und helle blüht
      Das Leben, das ätherische, darüber.
310   Nun wandre mutig, Sohn! ich geb und küsse
      Verheißungen auf deine Stirne dir;
      Es dämmert dort Italiens Gebirg,
      Das Römerland, das tatenreiche, winkt;
      Dort wirst du wohlgedeihn, dort, wo sich froh
315   Die Männer in der Kämpferbahn begegnen.
      O Heldenstädte dort! und du, Tarent!
      Ihr brüderlichen Hallen, wo ich oft
      Lichttrunken einst mit meinem Plato ging,
      Und immerneu uns Jünglingen das Jahr
320   Und jeder Tag erschien in heilger Schule.
      Besuch ihn auch, o Sohn, und grüß ihn mir,
      Den alten Freund an seiner Heimat Strom,
      Am blumigen Ilissus, wo er wohnt.
      Und will die Seele dir nicht ruhn, so geh
325   Und frage sie, die Brüder in Aegyptos.
      Dort hörest du das ernste Saitenspiel
      Uraniens und seiner Töne Wandel.
      Dort öffnen sie das Buch des Schicksals dir.
      Geh! fürchte nichts! es kehret alles wieder;
330   Und was geschehen soll, ist schon vollendet.

(Pausanias geht ab.)

DRITTER AUFTRITT

Empedokles. Manes

MANES. Nun! säume nicht! bedenke dich nicht länger.
    Vergeh! vergeh! damit es ruhig bald
    Und helle werde, Trugbild!
EMPEDOKLES.   Was? woher?
    Wer bist du, Mann?
MANES.   Der Armen einer auch
    Von diesem Stamm, ein Sterblicher, wie du.   335
    Zu rechter Zeit gesandt, dir, der du dich
    Des Himmels Liebling dünkst, des Himmels Zorn,
    Des Gottes, der nicht müßig ist, zu nennen.
EMPEDOKLES. Ha! kennst du den?
MANES.   Ich habe manches dir
    Am fernen Nil gesagt.
EMPEDOKLES.   Und du? du hier?   340
    Kein Wunder ists! Seit ich den Lebenden
    Gestorben bin, erstehen mir die Toten.
MANES. Die Toten reden nicht, wo du sie fragst.
    Doch wenn du eines Worts bedarfst, vernimm!
EMPEDOKLES. Die Stimme, die mich ruft, vernehm ich schon.   345
MANES. *So* redet es mit dir?
EMPEDOKLES.   Was soll die Rede, Fremder!
MANES. Ja! fremde bin ich hier und unter Kindern.
    Das seid ihr Griechen all. Ich hab es oft
    Vormals gesagt. Doch wolltest du mir nicht,
    Wie dirs erging bei deinem Volke, sagen?   350
EMPEDOKLES. Was mahnst du mich? was rufst mir noch einmal?
    Mir ging es, wie es soll.
MANES.   Ich wußt es auch
    Schon längst voraus, ich hab es dir geweissagt.
EMPEDOKLES. Nun denn! was hältst du es noch auf? was drohst
    Du mit der Flamme mir des Gottes, den   355

Ich kenne, dem ich gern zum Spiele dien,
Und richtest mir mein heilig Recht, du Blinder!
MANES. Was dir begegnen muß, ich ändr' es nicht.
EMPEDOKLES. So kamst du her, zu sehen, wie es wird?
360 MANES. O scherze nicht, und ehre doch dein Fest,
Umkränze dir dein Haupt, und schmück es aus,
Das Opfertier, das nicht vergebens fällt.
Der Tod, der jähe, er ist ja von Anbeginn,
Das weißt du wohl, den Unverständigen,
365 Die deinesgleichen sind, zuvorbeschieden.
Du willst es, und so seis! Doch sollst du mir
Nicht unbesonnen, wie du bist, hinab;
Ich hab ein Wort, und dies bedenke, Trunkner!
Nur *einem* ist es Recht, in dieser Zeit,
370 Nur *einen* adelt deine schwarze Sünde.
Ein Größrer ists, denn ich! denn wie die Rebe
Von Erd und Himmel zeugt, wenn sie getränkt
Von hoher Sonn aus dunklem Boden steigt,
So wächst er auf, aus Licht und Nacht geboren.
375 Es gärt um ihn die Welt, was irgend nur
Beweglich und verderbend ist im Busen
Der Sterblichen, ist aufgeregt von Grund aus.
Der Herr der Zeit, um seine Herrschaft bang,
Thront finster blickend über der Empörung.
380 Sein Tag erlischt, und seine Blitze leuchten;
Doch was von oben flammt, entzündet nur,
Und was von unten strebt, die wilde Zwietracht.
Der *eine* doch, der neue Retter, faßt
Des Himmels Strahlen ruhig auf, und liebend
385 Nimmt er, was sterblich ist, an seinen Busen,
Und milde wird in ihm der Streit der Welt.
Die Menschen und die Götter söhnt er aus,
Und nahe wieder leben sie, wie vormals.
Und daß, wenn er erschienen ist, der Sohn
390 Nicht größer, denn die Eltern, sei, und nicht
Der heilge Lebensgeist gefesselt bleibe,
Vergessen über ihm, dem Einzigen,

So lenkt er aus, der Abgott seiner Zeit,
Zerbricht, er selbst, damit durch reine Hand
Dem Reinen das Notwendige geschehe,   395
Sein eigen Glück, das ihm zu glücklich ist,
Und gibt, was er besaß, dem Element,
Das ihn verherrlichte, geläutert wieder.
Bist du der Mann? derselbe? bist du dies?
EMPEDOKLES. Ich kenne dich im finstern Wort, und du,   400
    Du Alleswissender! erkennst mich auch.
MANES. O sage, wer du bist! und wer bin ich?
EMPEDOKLES. Versuchst du noch, noch immer mich, und
        kömmst,
    Mein böser Geist, zu mir in solcher Stunde?
    Was läßt du mich nicht stille gehen, Mann?   405
    Und wagst dich hier an mich und reizest mich,
    Daß ich im Zorn die heilgen Pfade wandle?
    Ein Knabe war ich, wußte nicht, was mir
    Ums Auge fremd am Tage sich bewegt',
    Und wunderbar umfingen mir die großen   410
    Gestalten dieser Welt, die freudigen,
    Mein unerfahren schlummernd Herz im Busen.
    Und staunend hört ich oft die Wasser gehn,
    Und sah die Sonne blühn, und sich an ihr
    Den Jugendtag der stillen Erd entzünden.   415
    Da ward in mir Gesang, und helle ward
    Mein dämmernd Herz im dichtenden Gebete,
    Wenn ich die Fremdlinge, die gegenwärtgen,
    Die Götter der Natur mit Namen nannt,
    Und mir der Geist im Wort, im Bilde sich,   420
    Im seligen, des Lebens Rätsel löste.
    So wuchs ich still herauf, und anderes
    War schon bereitet. Denn gewaltsamer,
    Wie Wasser, schlug die wilde Menschenwelle
    Mir an die Brust, und aus dem Irrsal kam   425
    Des armen Volkes Stimme mir zum Ohre.
    Und wenn, indes ich in der Halle schwieg,
    Um Mitternacht der Aufruhr weheklagt',

Und durchs Gefilde stürzt', und lebensmüd
430 Mit eigner Hand sein eignes Haus zerbrach
Und die verleideten verlaßnen Tempel;
Wenn sich die Brüder flohn, und sich die Liebsten
Vorübereilten, und der Vater nicht
Den Sohn erkannt, und Menschenwort nicht mehr
435 Verständlich war und menschliches Gesetz; —
Da faßte mich die Deutung schaudernd an:
Es war der scheidende Gott meines Volks!
Den hört ich, und zum schweigenden Gestirn
Sah ich hinauf, wo er herabgekommen.
440 Und ihn zu sühnen, ging ich hin. Noch wurden uns
Der schönen Tage viel. Noch schien es sich
Am Ende zu verjüngen; und es wich,
Der goldnen Zeit, der allvertrauenden,
Des hellen kräftgen Morgens eingedenk,
445 Der Unmut mir, der furchtbare, vom Volk,
Und freie feste Bande knüpften wir,
Und riefen die lebendgen Götter an.
Doch oft, wenn mich des Volkes Dank bekränzte,
Wenn näher immer mir, und mir allein,
450 Des Volkes Seele kam, befiel es mich.
Denn wo ein Land ersterben soll, da wählt
Der Geist noch *einen* sich zuletzt, durch den
Sein Schwanensang, das letzte Leben tönet.
Wohl ahndet ichs, doch dient ich willig ihm.
455 Es ist geschehn. Den Sterblichen gehör ich
Nun nimmer an. O Ende meiner Zeit!
O Geist, der uns erzog, der du geheim
Am hellen Tag und in der Wolke waltest,
Und du, o Licht! und du, du Mutter Erde!
460 Hier bin ich, ruhig, denn es wartet mein
Die längstbereitete, die neue Stunde.
Nun nicht im Bilde mehr, und nicht, wie sonst,
Bei Sterblichen, im kurzen Glück, ich find,
Im Tode find ich den Lebendigen
465 Und heute noch begegn' ich ihm; denn heute

Bereitet er, der Herr der Zeit, zur Feier,
Zum Zeichen, ein Gewitter mir und sich.
Kennst du die Stille rings? kennst du das Schweigen
Des schlummerlosen Gotts? erwart ihn hier!
Um Mitternacht wird er es uns vollenden.   470
Und wenn du, wie du sagst, des Donnerers
Vertrauter bist, und *eines* Sinns mit ihm
Dein Geist mit ihm, der Pfade kundig, wandelt,
So komm mit mir; wenn itzt, zu einsam sich,
Das Herz der Erde klagt, und eingedenk   475
Der alten Einigkeit die dunkle Mutter
Zum Aether aus die Feuerarme breitet,
Und itzt der Herrscher kömmt in seinem Strahl,
Dann folgen wir, zum Zeichen, daß wir ihm
Verwandte sind, hinab in heilge Flammen.   480
Doch wenn du lieber ferne bleibst, für dich,
Was gönnst du mir es nicht? wenn dir es nicht
Beschieden ist zum Eigentum, was nimmst
Und störst du mirs! O euch, ihr Genien!
Die ihr, da ich begann, mir nahe waret,   485
Ihr Fernentwerfenden! euch dank ich, daß ihr mirs
Gegeben habt, die lange Zahl der Leiden
Zu enden hier, befreit von andrer Pflicht,
In freiem Tod, nach göttlichem Gesetze!
Dir ists verbotne Frucht! drum laß und geh,   490
Und kannst du mir nicht nach, so richte nicht!
MANES. Dir hat der Schmerz den Geist entzündet, Armer!
EMPEDOKLES. Was heilst du denn, Unmächtiger, ihn nicht?
MANES. Wie ists mit uns? siehst du es so gewiß?
EMPEDOKLES. Das sage du mir, der du alles siehst!   495
MANES. Laß still uns sein, o Sohn! und immer lernen.
EMPEDOKLES. Du lehrtest mich, heut lerne du von mir.
MANES. Hast du nicht alles mir gesagt?
EMPEDOKLES.   O nein!
MANES. So gehst du nun?
EMPEDOKLES.   Noch geh ich nicht, o Alter!
Von dieser grünen guten Erde soll   500

Mein Auge mir nicht ohne Freude gehen.
Und denken möcht ich noch vergangner Zeit,
Der Freunde meiner Jugend noch, der Teuern,
Die fern in Hellas' frohen Städten sind,
505   Des Bruders auch, der mir geflucht — so mußt
Es werden; laß mich itzt, wenn dort der Tag
Hinunter ist, so siehest du mich wieder.

NOTES

1 ff. Following the example of the Stuttgart Edition, the lines of the opening speeches are divided exactly as in Hölderlin's MS. They are not to be read as verse, however, but rather as rhythmical prose which is tending towards verse and already sometimes achieving it. Blank verse begins at v. 24 and continues thereafter throughout the play, with the exception of vv. 40–69 and some occasional irregularities.—The excitement and mystery of the opening scene is dramatically heightened by the avoidance of Empedokles' name. He is referred to only by pronouns—'*sein* Garten', 'dort stand *er*', &c.

9 *Olympia:* Diogenes Laertius (VIII 51, 53) records a report that the grandfather of Empedocles kept racehorses and had been victorious in the Olympic Games in 496 B.C.; also that Empedocles himself had won a horse-race in Olympia. On the basis of these reports, however untrustworthy, Hölderlin may fairly take the liberty of imagining Empedocles as a competitor in the Olympic chariot races (cf. v. 944 f.). Laertius also writes (VIII 66): 'At the time when he was visiting Olympia he was considered worthy of a great deal of attention and nobody was mentioned so often in conversation as Empedocles.' Hence Delia's 'Sie sprachen damals viel von ihm.'

13–18 We learn more below (v. 40 ff.) about Empedokles' extraordinary command over nature. The people of Agrigentum suppose it to be supernatural, while Empedokles and his young friends regard it, on the contrary, as profoundly natural—as the consequence of a deep sympathy with nature (cf. vv. 46, 320 ff., 365 ff.). In the later essay, *Grund zum Empedokles* (StA 4, 159), Hölderlin speaks of a mysterious interchange of powers in Empedokles—an interchange of art and nature, of thought and the unconscious, of *das Organische* and *das Aorgische*—and declares this to be the true source of his amazing power and prestige:

'. . . so erschien das Objekt in ihm in subjektiver Gestalt, wie er die objektive Gestalt des Objekts angenommen hatte. Er

war das Allgemeine, das Unbekannte, das Objekt das Besondere. Und so schien der Widerstreit der Kunst, des Denkens,
des Ordnens, des bildenden Menschencharakters und der
bewußtloseren Natur gelöst, in den höchsten Extremen zu
Einem und bis zum Tauschen der gegenseitigen unter-
scheidenden Form vereiniget. Dies war der Zauber, womit
Empedokles in seiner Welt erschien. Die Natur, welche seine
freigeisterischen Zeitgenossen mit ihrer Macht und ihrem
Reize nur um so gewaltiger beherrschte, je unerkenntlicher
sie von ihr abstrahierten, sie erschien mit allen ihren Melodien im Geiste und Munde dieses Mannes und so innig und
warm und persönlich, wie wenn sein Herz das ihre wäre, und
der Geist des Elements in menschlicher Gestalt unter den
Sterblichen wohnte. Dies gab ihm seine Anmut, seine Furcht-
barkeit, seine Göttlichkeit, und alle Herzen . . . flogen ihm
zu.'

Cf. the note on v. 51.

21 *ein furchtbar allverwandelnd Wesen:* Empedokles possesses a terrible power to 'transform' and assimilate everything and everyone to his own likeness. Cf. Hölderlin's letter to Susette Gontard of the summer, 1799 (StA 6, 336):

'Wenn ich an große Männer denke, in großen Zeiten, wie sie,
ein heilig Feuer, um sich griffen, und alles Tote, Hölzerne,
das Stroh der Welt in Flamme verwandelten, die mit ihnen
aufflog zum Himmel . . .'

30 *Mit wunderbarem Sehnen:* The expression elsewhere used by Hölderlin to describe the death-craving—the *Todeslust*—which can
seize not only individuals but whole nations:

'. . . so stürzt
Der Strom hinab, er suchet die Ruh, es reißt,
Es ziehet wider Willen ihn, von
Klippe zu Klippe den Steuerlosen
Das wunderbare Sehnen dem Abgrund zu . . .'
(*Stimme des Volks,* Zweite Fassung, 13 ff.)

Cf. Introduction, pp. 9, 32.

40 *nicht lange:* More usually 'nicht lange *her*': 'It is not long ago
that . . .'

50 f. *süße sinnenfreie Kindheit:* Hölderlin first wrote *sinnenlose:* 'sweet

unconscious childhood'. *sinnenfreie* may be understood similarly: 'free of the senses'; or possibly 'free in respect of the senses', not rigidly bound by them.

51 *schlief ich wachend:* 'Regarding the woman in a trance, Heraclides declares the fact to have been that he [Empedokles] kept her body for thirty days without breath or pulsation' (Diogenes Laertius VIII 61). Hölderlin lets Panthea tell the story in a more credible form: 'Und kaum bedurft ich eines Othemzugs.' In a fragment of his poem *On Nature* (Diels B 111, 9) the historical Empedocles promises to teach his pupil Pausanias how to recall people from the dead:

$$ἄξεις \ δ' \ ἐξ \ ’Αΐδαο \ καταφθιμένου \ μένος \ ἀνδρός.$$

('You will lead out of Hades the strength of a dead man')

But Hölderlin consistently avoids any suggestion of the miraculous in his account of the achievements of his hero, no doubt because he feels miracles to be characteristic of the dogmatic, 'positive' kind of religion to which he was passionately opposed. A similar view of miracles was expressed about the same time by his friend Hegel:

'Nichts hat wohl so sehr als dieser Glauben an Wunder dazu beigetragen, die Religion Jesu positiv zu machen, sie gänzlich, selbst ihrer Tugendlehre nach, auf Autorität zu gründen. Ungeachtet Jesus nicht wegen dieser seiner Wunder, sondern wegen seiner Lehre Glauben verlangte.' ('Die Positivität der christlichen Religion', *Hegels Theologische Jugendschriften* (Nohl), p. 160 f.)

52 *Othemzugs:* Hölderlin regularly writes *Othem*, a dialect form of *Athem*. Its poetic, elevated tone may be partly due to Luther's use of the related form *Odem* in his Bible translation.

56 *Empedokles!:* Here, for the first time, the hero's name occurs, at the most dramatic moment of Panthea's narrative. Hölderlin stresses the third syllable: *Empedókles*. Similarly he has *Sophókles* (v. 112). Normally such names have the stress on the antepenultimate syllable as in Latin: *Empédokles*, *Sóphokles*. But Hölderlin and many of his contemporaries—Voss, Goethe, Schiller, Kleist—seem to have felt that the juxtaposition of the consonants *k* and *l* made the penultimate syllable long, and they

therefore let the stress fall on that syllable. See Beissner's note on the pronunciation *Herákles* in Hölderlin's *Chiron* 52 (StA 2, 514).

61 *Widerschein:* Panthea was 'the reflection' of Empedokles, as a light morning cloud reflects (with its delicate colours) the glow of the sun—*dem hohen süßen Licht.*

67 *seinen Aether:* Maintaining the metaphor of her previous speech, Panthea is still thinking of Empedokles as a sun-god, surrounded by 'his' aether, 'his' sky.

71 *Er weiß es nicht:* Empedokles knows nothing of Panthea's adoration. With the self-sufficiency and tranquillity which Hölderlin regularly associates with the gods (*in leiser Götterruhe*), he lives in his own world, enjoying his prophetic and poetic inspiration, but also, whenever there is danger of anarchy, emerging from his seclusion and controlling the State.

86 *sich überbraust:* becomes too wild and impetuous, 'boils over'. *brausen* suggests a boiling or effervescent liquid, or the raging of the sea.

88 *der herrliche Pilot:* Empedokles is likened to the skilful pilot who successfully steers the ship of State through the most troubled waters (cf. v. 439 ff.). Hölderlin had historical authority for this in Diogenes Laertius (VIII 72):

> 'Neanthes of Cyzicus . . . relates that after the death of Meton [Empedocles' father] the beginnings of a tyranny began to appear and that Empedocles then persuaded the Agrigentines to put an end to their factions and to cultivate political equality.'

91 *möchten:* The auxiliary verb must be taken with *sehn* (v. 90) as well as with *sich gewöhnen:* 'When, more than ever, they would wish to see him properly and accustom themselves to the ever-strange man . . .'

92 *seine Schatten:* 'The quiet world of plants draws him into his shadows.' They are called *his* shadows, the shadows of Empedokles, because in a special sense they belong to him—they are particularly dear to him. Cf. v. 28: 'Im Schatten seiner Bäume', and v. 73: 'unter seinen Blumen'.

96 *Sprecherin!:* 'talker', one who says more than she can answer for.

103 *Tag vor Tag:* 'day by day'; now usually *Tag für Tag*, as in v. 1301.

103 *Jovis Adler:* The eagle, because of its swift and lofty flight, was regularly associated with Jupiter, the god of the sky. Cf. Pindar, *Pythian Odes* I 6:

εὕδει δ' ἀνὰ σκάπτῳ Διὸς αἰετός.

('Es schläft aber über dem Zepter Jupiters der Adler.'— Hölderlin's translation)

111 *itzt:* This is the older form of *jetzt* (Hölderlin actually wrote *izt*). It was still common in the eighteenth century and occasionally found even in the early nineteenth.

112 *Sophokles!:* Chronologically the second of the three great Greek tragedians (born after Aeschylus and before Euripides), Sophocles (496–406 B.C.) was the one whom Hölderlin most admired and who had the deepest influence on his own work. Cf his early dissertation *Geschichte der schönen Künste unter den Griechen* (StA 4, 204):

'So wie Aeschylus im Geist seiner kriegerischen Dezenne schrieb, so Sophokles im Geist seiner kultivierteren Epoche. Ganz die Mischung von stolzer Männlichkeit und weiblicher Weichheit: der reine, überdachte, und doch so warme hinreißende Ausdruck, der den Perikleischen Zeiten eigen war! Überall Leidenschaft von Geschmack geleitet. Sophokles steht zwischen Aeschylus und Euripides inne. Dieser ist schon weichlicher, empfindsamer.'

Note how Sophocles seems to Hölderlin to represent the ideal precisely because he combines the opposite characteristics of the other two tragic poets—the manliness of Aeschylus and the femininity of Euripides, passion and taste (cf. the note on v. 121). —At a later stage of his career Hölderlin published translations of the two most famous plays of Sophocles, the *Oedipus Rex* and the *Antigone*. It was by his characterization of Antigone—the heroine who, at the cost of her own life, defies the order of the tyrant Creon forbidding her to bury the body of her dead brother Polynices—that Sophocles earned the praise here given him by Delia, the praise of having been the first of mortals to form a conception of the noblest kind of maidenly character.

120 *frägt:* The strong forms *frägst, frägt, frug* are still used in the Swabian dialect instead of the weak forms of standard German: *fragst, fragt, fragte.* The strong forms originated in North

Germany and penetrated in the eighteenth century into Middle and South Germany.

121 *zärtlichernste:* Almost an oxymoron: 'loving yet austere'. The naturally affectionate character of Antigone is compelled by her unhappy circumstances to appear in the guise of severity. Cf. Hölderlin's letter to Neuffer, 12 November 1798:

> 'So ist z. B. der Charakter des Brutus ein höchst unnatürlicher, widersinniger Charakter, wenn man ihn nicht mitten unter den Umständen sieht, die seinem *sanften* Geiste diese *strenge* Form aufnötigen.'

The epithet *zärtlichernst* is also applied to Panthea (v. 805), and in the late hymn *Friedensfeier* (v. 41) Christ is similarly described as *freundlichernst*. Evidently Hölderlin's ethical as well as his aesthetic ideal involved the harmonious union of opposites. In his rapturous account of Susette Gontard he wrote to Neuffer (16 February 1797):

> 'Majestät und Zärtlichkeit, und Fröhlichkeit und Ernst, und süßes Spiel und hohe Trauer und Leben und Geist alles ist in und an ihr zu *einem* göttlichen Ganzen vereint.'

On the other hand the chaotic political and social life of his times was characterized for Hölderlin by the unbalanced domination of particular qualities (StA 6, 229):

> 'Aberglauben und Unglauben! Knechtschaft und Despotism! unvernüftige Klugheit, unkluge Vernunft! geistlose Empfindung, empfindungsloser Geist' *&c.*

131 *ahndete:* Referring to v. 36: 'auch du mußt untergehn'.—The older form *ahnden* could mean either 'to punish' or 'to have a presentiment of something'. In modern German *ahnden* is reserved for the former meaning (and related meanings), while the latter is expressed by the form *ahnen*. Like most eighteenth-century writers, Hölderlin still prefers *ahnden* for both meanings.

147 ff. Cf. *Menschenbeifall* 7 f.:

> 'An das Göttliche glauben
> Die allein, die es selber sind.'

The thought is already found in a fragment of Empedocles' poem *On Nature* (Diels 109):

> γαίῃ μὲν γὰρ γαῖαν ὀπώπαμεν, ὕδατι δ' ὕδωρ,
> αἰθέρι δ' αἰθέρα δῖον, ἀτὰρ πυρὶ πῦρ ἀίδηλον,
> στοργὴν δὲ στοργῇ, νεῖκος δέ τε νείκεϊ λυγρῷ.

('It is by earth that we perceive earth, by water water, by aether divine aether, but by fire destructive fire, while love we perceive by love, hatred by dismal hatred.')

The most famous modern expression of the idea—derived directly from Plotinus, *First Ennead* VI 9, but perhaps indirectly from Empedocles—is Goethe's:

> 'Wär nicht das Auge sonnenhaft,
> Die Sonne könnt es nie erblicken;
> Läg nicht in uns des Gottes eigne Kraft,
> Wie könnt uns Göttliches entzücken?'
>
> (*Zahme Xenien* III)

149 *Liebes Herz!*: The same warm expression—Panthea is touched by the generosity of Delia's remark—is later used by Delia in addressing Panthea (v. 967). At v. 126 above Delia uses this expression in speaking of her own heart. Cf. Goethe's *Iphigenie* 869: 'O hoffe, liebes Herz!' (where the heroine is addressing herself).

159 *anderes denn:* Hölderlin regularly uses the solemn and archaic *denn* instead of *als* after the comparative forms of adjectives and adverbs (cf. vv. 304, 364, 464 &c.) and after a word such as *anderes* which implies a comparison. Also after *nichts* (v. 200). In all these cases *als* is preferred in modern German, except when *denn* is used to avoid a repetition of *als* in sentences like 'Er ist bekannter als Musiker denn als Chirurg' (cf. F. J. Stopp, *Manual of Modern German*, § 121 (d)).

162 ff. *O ewiges Geheimnis . . .*: Both the thought and the antithetical form of the expression are probably influenced by Goethe's *Tasso* 1906 ff.:

> 'So selten ist es, daß die Menschen finden,
> Was ihnen doch bestimmt gewesen schien,
> So selten, daß sie das erhalten, was
> Auch einmal die beglückte Hand ergriff!

> Es reißt sich los, was erst sich uns ergab,
> Wir lassen los, was wir begierig faßten.
> Es gibt ein Glück, allein wir kennen's nicht:
> Wir kennen's wohl, und wissen's nicht zu schätzen.'

Hölderlin planned, but did not execute, a poem entitled *Tasso an Leonoren* (StA 2, 324).

167 a *Archon:* Literally 'ruler', 'governor'. Kritias is one of the officials wielding the highest political power in the State. He is not a king or tyrant, his office being elective. At Athens there were nine archons elected annually. Diogenes Laertius (VIII 64) mentions Empedocles' having been invited to dinner by one of the archons—ὑπό τινος τῶν ἀρχόντων.

169 *des Gastfreunds Tochter:* In ancient Greece citizens had no legal rights outside the borders of their own city-state. It was necessary, therefore, when visiting another city, to have a *Gastfreund* (ξένος) there, i.e. a person who was prepared to offer one hospitality and, if necessary, legal protection. We must suppose that Delia's father was Kritias's *Gastfreund* in Athens, and that he had now come with his daughter to Agrigentum where Kritias would act as *Gastfreund* to *them*. Cf. v. 1099; also Goethe's *Iphigenie* 2153 f.: 'Ein freundlich Gastrecht walte | Von dir zu uns.'

172 *glauben . . . er sei entschwunden:* Probably suggested by Diogenes Laertius VIII 67 f.:

'Heraclides, after telling the story of the woman in a trance . . . goes on to say that he [Empedocles] was offering a sacrifice close to the field of Peisianax. Some of his friends had been invited to the sacrifice, including Pausanias. Then, after the feast, the remainder of the company dispersed and retired to rest, some under the trees in the adjoining field, others wherever they chose, while Empedocles himself remained on the spot where he had reclined at table. At daybreak all got up, and he was the only one missing. A search was made, and they questioned the servants, who said they did not know where he was. Thereupon someone said that in the middle of the night he heard an exceedingly loud voice calling Empedocles. Then he got up and beheld a light in the heavens and a glitter of lamps, but nothing else. His hearers were amazed at what had occurred, and Pausanias came down and sent people to search for him. But later he bade them take no further trouble, for things beyond expectation had happened to him, and it was their duty to sacrifice to him since he was now a god.'

(Translation by R. D. Hicks)

In Hölderlin's representation there is of course nothing miraculous about Empedokles' disappearance—he has simply secluded himself in his own house and garden in deep remorse for what he feels to have been a dreadful offence. But Hermokrates knows how to turn the superstitious credulity of the people to his own advantage.

185 *sich einen Gott genannt:* Cf. Diogenes Laertius VIII 62, where the following verses are quoted from Empedocles' poem *Purifications* (Diels 112):

> ἐγὼ δ'ὑμῖν θεὸς ἄμβροτος, οὐκέτι θνητὸς
> πωλεῦμαι μετὰ πᾶσι τετιμένος, ὥσπερ ἔοικα.

('I go about among you an immortal god, no longer mortal, honoured by all as is fitting.')

In the MS. Hölderlin has the following note here:

'Bei uns ist so etwas mehr eine Sünde gegen den Verstand, bei den Alten war es von dieser Seite verzeihlicher, weil es ihnen begreiflicher war. Nicht Ungereimtheit, Verbrechen war es ihnen. Aber sie verzeihen es nicht, weil ihr Freiheitssinn kein solches Wort ertragen wollte. Eben weil sie mehr ehrten und verstanden fürchteten sie auch mehr den Übermut des Genies. Uns ist es nicht gefährlich, weil wir nicht berührbar sind dafür.'

An adversative conjuction must be understood between *Ungereimtheit* and *Verbrechen*—the Greeks did not regard such a claim as an absurdity *but* as a crime. While we moderns would merely laugh at anyone who claimed to be a god, the Greeks (who had a deeper feeling for human greatness and for the divine in man) would have taken the claim seriously, but would have resisted it as conducive to tyranny. Hence the fear of Kritias and Hermokrates that Empedokles may now aspire to become tyrant. If the people recognize him as a god, they may also recognize him as their king; cf. vv. 202, 232 ff., 769.

189 *unverständlichem Gebrause:* Unintelligible roaring like that of the surf on the sea-shore. The word *Gebrause* recalls Panthea's *sich überbraust* (v. 86).

191 *sind . . . worden:* This use of the older form of the past participle of *werden* was still common in the eighteenth century. Cf. Lessing's *Nathan der Weise* 401 f.: 'Schatzmeister bin ich bei ihm worden.' Nowadays it is replaced by *geworden*, except when used as passive auxiliary with another past participle.

195 *Der Zauberer:* Gorgias, the famous sophist and rhetorician, said to have been a pupil of Empedocles, claimed to have been present when Empedocles performed feats of witchcraft (Diogenes Laertius VIII 59). In a fragment from the poem *On Nature* which Laertius quotes in the same paragraph Empedocles promises to teach Pausanias to turn rain into drought and drought into rain (Diels 111, 6 ff.).

207 ff. *nicht ist er der erste . . .:* Referring to Tantalus, with whom Empedokles compares himself at v. 333. Pindar, *Olympian Odes* I 54 ff., says that if ever a man was honoured by the gods it was Tantalus. 'But he was unable to digest his great prosperity' (ἀλλὰ γὰρ καταπέψαι μέγαν ὄλβον οὐκ ἐδυνάσθη), and Zeus punished him for his presumption by hanging a huge stone over his head which always threatened to crush him. Hölderlin was certainly familiar with Pindar's poem, for he has copied a few verses from it (vv. 30–34) into the MS. at the end of Act I. But the emphasis which he places on his hero's sin of arrogance or pride (*frecher Stolz*, v. 335) and the line 'Hinab in sinnenlose Nacht verstoßen' suggest that he was more immediately inspired by Goethe's *Iphigenie auf Tauris*, where Tantalus is referred to as 'der Verbannte in nächtlichen Höhlen' (v. 1762 f.), and where Iphigenie says of him (v. 323 ff.);

'Übermut
Und Untreu stürzten ihn von Jovis Tisch
Zur Schmach des alten Tartarus hinab.'

210 *des Unterschieds . . . vergaß:* The genitive with *vergessen* is archaic and biblical and therefore often preferred in the elevated language of poetry to the regular modern construction with the accusative.

220 *den alten Übermütigen:* Probably referring to the followers of Bacchus, whom Hölderlin imagines wandering through Asia carrying the *thyrsus*, a reed or staff usually wreathed with vine

leaves which was the symbol of the Bacchic cult. Cf. *An unsre großen Dichter:*

> 'Des Ganges Ufer hörten des Freudengotts
> Triumph, als allerobernd vom Indus her
> Der junge Bacchus kam . . .'

Hermokrates describes the followers of Bacchus as *die Über-mütigen* probably because of the wild orgiastic rites in which they indulged, and as *die alten* because he thinks of their journey through Asia as having taken place in ancient times (so that the tense of *durchwandern* must be understood as the historic present). He alleges that Empedokles is similarly wild and lawless, though his lawlessness takes the different form of impiety—of blasphemously claiming that 'the gods had come into being by (the power of) his word' (v. 222).

228 *in guter Zeit:* Probably in the sense in which we speak of 'a good while', for the MS. shows that Hölderlin first wrote *in langer Zeit*, and—as Beissner points out—he later uses the phrase *in guter Zeit* to translate Sophocles' ἐν χρόνῳ μακρῷ (= 'after a long time', *Antigone* 422).

230 *Das wirft er um:* Hermokrates accuses Empedokles of subverting law, art, custom and sacred legend. At v. 1529 f. Empedokles does in fact exhort the people to forget the established laws and customs and the old names of the gods. But this is not, as Hermo-krates alleges, because Empedokles is in general opposed to law, but because he believes the whole State needs renewal, re-juvenation; and that only after it has undergone such a spiritual regeneration laws can again be established to secure the new social and political order (v. 1551).

233 ff. *Wie alles sich verlor . . .*: 'As he has lost everything, so he will be tempted to take everything again, and no mortal will be able to check the rebel in his fury.'

236 *namenlose Dinge:* Things too dreadful to be named or uttered.

250 f. *fürchtest du . . .*: Kritias is characterized by timidity. The word *fürchten* repeatedly occurs in connexion with him. Cf. vv. 769 and 774 f.; also in connexion with Mekades, Emp. II 157.

258 *gezeichnet:* The curse is thought to mark or brand its victim; cf. v. 1283 f. The mark which accompanied the curse of Cain (Genesis iv. 15) is perhaps comparable.

263 *entschwunden:* Cf. v. 172 and note; also v. 243 f.

274 ff. Note the careful motivation of the entrances and exits in the

two expository scenes (cf. vv. 151 ff., 165 ff., 271 ff.). At the corresponding place in the Second Version (Emp. II 277) Hermokrates simply says 'Laß ihn! hinweg!', and in the Third Version (Emp. III 331) the entrance of Manes is very abrupt. Hölderlin's increasing tendency to neglect or minimize motivation was evidently a consequence of his later ideal of tragedy, which involved a proud 'Verleugnung alles Akzidentellen' (cf. Introduction, p. 42 f.).

277 ff. The first of Empedokles' four great monologues (see also vv. 852 ff., 921 ff., 1892 ff.) begins with a prayer of thanks to the day (*du* refers to *schöner Tag*, v. 281) which has revisited him in his dark grotto. It comes 'not unexpectedly' (*nicht unverhofft*), for he has *heard* it (the day or the sun) moving from afar high above the earth. This is presumably a reference to the music of the spheres as in *Der Archipelagus* 33 f.:

> '. . . es tönt die Weise der Brüder
> Droben, ihr Nachtgesang, im liebenden Busen dir wieder'

—where 'the brothers above' means the stars. Cf. also *Der blinde Sänger* 29 f.:

> 'Den Retter hör ich dann in der Nacht, ich hör
> Ihn tötend, den Befreier, belebend ihn,
> Den Donnerer vom Untergang zum
> Orient eilen . . .'

Empedokles' opening soliloquy recalls the grand invocation of the elements with which the part of Prometheus begins in the *Prometheus Vinctus* of Aeschylus; but while Prometheus is indomitably defiant, Empedokles is all despondent and contrite.

285 *Ihr irrelosen Bäume:* The epithet *irrelos* ('unerring', 'reliable', 'trustworthy') seems to be not particularly felicitous. It was inserted over the line as an afterthought, evidently to satisfy metrical requirements. Yet it is retained in the Second Version (Emp. II 286). See also Emp. III 142 ff., where the word is used more aptly.

293 f. *Den Priester . . .:* Empedokles dedicates his poems, his songs, to nature as a priest dedicates the blood of the sacrificial animal. Throughout the play Empedokles is regarded as a poet. So above, v. 83 f. Cf. also *Grund zum Empedokles* (StA 4, 156): 'Er scheint nach allem zum Dichter geboren', and Diogenes Laertius VIII 57:

'In his work *On Poets* he [Aristotle] says that Empedocles was Homeric and remarkable for diction, being rich in metaphors and using all the other poetic devices.'

Hölderlin does in fact make his hero's language rich in images, as in this passage.

303 *hier oben:* We must suppose that the garden of Empedokles is situated on a hill. W. Schmidt (p. 78) suggests that Hölderlin imagines the situation and surroundings of Empedokles' garden as resembling his own dwelling-place in Homburg. Cf. Hölderlin's letter to his sister of February or March 1799:

> 'Das Städtchen liegt am Gebirg, und Wälder und geschmack-volle Anlagen liegen rings herum; ich wohne gegen das Feld hinaus, habe Gärten vor dem Fenster und einen Hügel mit Eichbäumen, und kaum ein paar Schritte in ein schönes Wiestal. Da geh' ich dann hinaus wenn ich von meiner Arbeit müde bin, steige auf den Hügel und setze mich in die Sonne, und sehe über Frankfurt in die weiten Fernen hinaus, und diese unschuldigen Augenblicke geben mir dann Mut und Kraft zu leben und zu schaffen.'

This slight trace of Hölderlin's self-identification with his hero is eliminated in the Second Version, where the reading *hier außen* is substituted (Emp. II 306).

304 f. *Der Höhers . . .:* 'He who has seen higher things than any mortal eye (has seen), now gropes about as one struck blind.'

309 *was:* = *warum.*

312 *die Schwächlinge, die im scheuen Tartarus:* By a rhetorical transfer of the epithet (enallage) instead of 'die scheuen Schwächlinge, die im Tartarus . . .' The reference is probably, as Ida Ruppel (p. 47) suggests, to such figures as Tityus, Tantalus and Sisyphus, who are described by Homer as suffering never-ending torments or performing never-ending tasks in Hades (*Odyssey* XI 576 ff.). Tartarus is the region of Hades in which the wicked are punished; cf. vv. 688 and 1411.

314 *ich will es!:* Anticipating the resolution expressed in the following sentence: I *will* do it! I will have the air to breathe freely.

325 ff. *Du stiller Aether! . . .:* Is Hölderlin thinking here of Empedocles' doctrine of the four elements, fire, water, earth and air (cf. Introduction, p. 15)? He mentions the aether and light (v. 329), and the MS. shows the earlier reading:

'Und euch, ihr andern,
Ihr Quellen und Flammen der Erde.'

The four elements are mentioned again in the curse which
Hermokrates pronounces on Empedokles, v. 630 ff.; also in
Emp. II 395 ff. and Emp. III 92 ff. Hölderlin was no doubt
aware of Empedocles' doctrine; and though, as a dramatist, he
was not bound to take cognizance of it, his own enthusiastic
reverence for the elemental powers of nature easily found expression in similar terms—and not only in his drama but also in
poems unconnected with Empedocles (*Achill* 20 ff., *Geh unter,
schöne Sonne* 10 ff., *Die scheinheiligen Dichter* 2 ff., &c.). By putting
such passages into the mouth of Empedokles he adds to the
authenticity of the dramatic representation. In Matthew Ar-
nold's treatment of the subject we find a similar use of the
doctrine of the four elements (*Empedocles on Etna* II 332 ff.):

'To the elements it came from
Everything will return—
Our bodies to earth,
Our blood to water,
Heat to fire,
Breath to air.'

325 *Irrsal:* Originally 'wandering'; then 'erring', 'straying'; and
lastly, as here, 'confusion', 'trouble'. Empedokles felt the healing
effect of the aether when the distress of mortals touched his soul.
326 ff. Hölderlin has the following lines in the margin here:

'Ich erfuhr euch, ich kannt euch, ich wirkte mit euch wie ihr
Die Seele mir bewegt.'

Beissner places these lines immediately after v. 320, Zinkernagel
immediately after v. 324. They are not quite apposite in either
place, and are unmetrical. This is one of the cases where it
seems better to let the text follow the original MS. reading. Cf.
Introduction, p. 44 f.
333 *Tantalus:* See note on v. 207.
337 *dachtst:* Hölderlin's feeling for euphony usually forbids such a
conglomeration of consonants. And in fact he originally wrote
dachtest, then scored out the *e* to convert the alexandrine into a
pentameter (with feminine ending).

339 f. *Die Gütigen verkauft . . .*: Cf. *Dichterberuf* 45 ff.:

> 'Zu lang ist alles Göttliche dienstbar schon,
> Und alle Himmelskräfte verscherzt, verbraucht
> Die Gütigen, zur Lust, danklos, ein
> Schlaues Geschlecht, und zu kennen wähnt es,
>
> Wenn ihnen der Erhabne den Acker baut,
> Das Tagslicht und den Donnerer, und es späht
> Das Sehrohr wohl sie all und zählt und
> Nennet mit Namen des Himmels Sterne.'

Hölderlin is evidently ascribing to Empedokles an arrogance and irreverence which he regarded as characteristic of modern times in general. Since we have learned to utilize the forces of nature, we tend to regard them as our slaves, our property, as 'sold' to us. Cf. Introduction, p. 26 f.

344 *Die delphische Krone:* In the passage of his poem *Purifications* in which Empedocles claims to be an immortal god, he also describes himself as 'crowned with ribands and luxuriant wreaths'; and Laertius relates (VIII 73) that Empedocles was accustomed to wear a Delphic wreath, and that he had thick hair. Hölderlin may well have had this in mind when he let his remorseful hero wish that some worthier man might tear from his head the Delphic (= priestly or prophetic) crown and shear away his locks as befits such a 'bald' seer. He feels that his outward appearance should be made to correspond to his inner bareness and bankruptcy.

348 f. 'Do you wish to perform the deed (of execution) upon me?' Must it be you, my friend and pupil, who take it upon yourself to inflict my punishment on me?

355 *Segen oder Fluch:* It would be acutely painful to feel how little he deserved his young friend's blessing, and equally painful to suffer his reproaches or curses.

356 *beedes:* Swabian for *beides*; cf. note on *zween*, v. 589.

357 f. *dein geharrt:* The genitive of the personal pronoun *du* was originally *dein*, later extended to *deiner*, which is the standard modern form. Here it is an objective genitive depending on *harren*, a biblical, elevated and poetic word meaning 'to wait' (for someone or something).

374 *die Allebendige:* 'The All-living one', that which is totally alive, the universe, nature. *Die Genien der Welt*, v. 371, may be identified with *deiner Geniuskräfte . . . o Natur!*, v. 408 f. Empedokles is

saying that when, as a child, he could not 'find' nature, he turned, like a plant, to the *light*, and so gradually learned to love the light and the earth and all the other divine manifestations of nature. Hölderlin is here attributing to Empedokles his own early experience. Cf. *Da ich ein Knabe war* . . . 8 ff.:

'Und wie du das Herz
Der Pflanzen erfreust,
Wenn sie entgegen dir
Die zarten Arme strecken,
So hast du mein Herz erfreut,
Vater Helios!'

383 *auf jedes eigen überstrahlst:* Hölderlin first wrote: *auf jedes überträgst:* 'as you transmit your radiance to everything'. It was probably to avoid the clash of *überträgst* with *tragen* in the following line, that he then substituted *überstrahlst*, 'convey or transmit by beams or rays'. Everything bears, as it were, the *colour* of the spirit of light, just as Hölderlin says of the heroes of the *Iliad* in relation to the pre-eminent Achilles that almost all of them 'tragen . . . seine Farbe' (StA 4, 231). *eigen* is used adverbially to mean 'in a particular characteristic way': the sun irradiates all things in such a way as to make them its own. Cf. Goethe's *Tasso* 3303:

'Wie wohl, wie eigen steht dir beides an!'

386–92 This passage was chosen by Albert Camus as a motto for his book *L'homme révolté*, Paris, 1951. It is in their common adherence to the sentiments expressed in these lines that Camus sees the relation of Hölderlin to Nietzsche (ibid., p. 98 f.).

393 f. Hölderlin describes in very similar language the effect of the influence of Diotima on himself (*Geh unter, schöne Sonne* . . . 12 ff.):

'Da rauschten
Lebendiger die Quellen, es atmeten
Der dunkeln Erde Blüten mich liebend an,
Und lächelnd über Silberwolken
Neigte sich segnend herab der Aether.'

395 ff. *All deine Freuden, Erde* . . .: Both in thought and diction this passage strongly resembles the beginning of the 'Wald und Höhle' scene in Goethe's *Faust*:

'Erhabner Geist, du gabst mir, gabst mir alles,
Warum ich bat. Du hast mir nicht umsonst

Dein Angesicht im Feuer zugewendet.
Gabst mir die herrliche Natur zum Königreich,
Kraft sie zu fühlen, zu genießen.'

Hölderlin may have read these lines in *Faust, ein Fragment*, which had appeared in Goethe's *Schriften* in 1790. It will be remembered that Faust's 'erhabner Geist' is the *Erdgeist*, so that in both poems it is the same spirit—the spirit of the earth—that is addressed.

415 Kranz (p. 37) compares Goethe's *Tasso* 160:

'Sein Ohr vernimmt den Einklang der Natur.'

419 *O Vater Aether!*: The Greek αἰθήρ meant the clear and pure upper air, the serene sky, hence the abode of the gods. Hölderlin identifies it with the air, which is the common element of living creatures, the physical and spiritual agency uniting them—for Hölderlin admits no absolute distinction between the physical and the spiritual (cf. Gisela Wagner, p. 6). The religious veneration with which Hölderlin regards the air or the aether is best expressed in the poem *An den Aether* and in the following passage from *Hyperion* I ii (2nd letter):

'Allen [i.e. all living creatures] drang die mütterliche Luft ans Herz, und hob sie und zog sie zu sich. — Und die Menschen gingen aus ihren Türen heraus, und fühlten wunderbar das geistige Wehen, wie es leise die zarten Haare über der Stirne bewegte . . . O Schwester des Geistes, der feurig-mächtig in uns waltet und lebt, heilige Luft! wie schön ists, daß du, wohin ich wandre, mich geleitest, Allgegenwärtige, Unsterbliche!'

Cf. also the quotation from Cassirer, Introduction, p. 22 f.— Hölscher (p. 39 f.) thinks Hölderlin may have derived the expression *Vater Aether* from Lucretius *De Rerum Natura* I 250, there being evidence of the influence of Lucretius on *An den Aether*. But long before the date of that poem (1797) Hölderlin must have read the following important passage in Heinse's *Ardinghello* (1787) (Insel edition, p. 248 f.):

' "Die großen Dichter dieser hohen Zeiten für die Menschheit", fiel ich ein, "hatten um eine Stufe natürlichere Metaphysik und nahmen das Sinnlichere und Nähere. Sie meinten, wir schöpften die bewegende Kraft mit dem Atem, und

sie sei in der Luft befindlich, und nannten sie *Zeus*, nach dem
wörtlichen Sinn, *wodurch sie lebten*; und einige Philosophen
schlugen sich zu ihrer Partei. — Sophokles sagt 'Zeus, der
alles faßt, in alles dringt, uns näher verwandt ist als Vater,
Mutter, Bruder, Schwester' . . . Und Euripides sagt gera-
dezu: 'Siehst du über und um uns den unermeßlichen
Aether, der die Erde mit frischen Armen rund umfängt? Das
ist Gott!' Und Aristophanes, sein Antagonist, ruft ebenso aus:
'Unser Vater Aether, heiligster, aller Lebengeber!' . . ." '

420 *In einigem gegenwärtigem Olymp:* 'In a united, present Olympus'
—though *einig* suggests a more complete and intimate union
than 'united'. It is characteristic of Hölderlin and of his Empedokles to think of the gods as *living*, as immediately *present* in the
world of nature. Their Olympus is not in the beyond, but can be
experienced immediately in this present life. Cf. *Hyperion* I i
(3rd letter):

> 'O du, zu dem ich rief, als wärst du über den Sternen, den ich
> Schöpfer des Himmels nannte und der Erde, freundlich Idol
> meiner Kindheit, du wirst nicht zürnen, daß ich deiner ver-
> gaß! — Warum ist die Welt nicht dürftig genug, um außer
> ihr noch Einen zu suchen?'

See Introduction, p. 22 f.

421 Kranz (p. 175) and Hölscher (p. 10 f.) see in this line a reminiscence of the fragment of the *Purifications* (Diels B 118) in
which Empedocles says that when he was born into the world he
wept and lamented at the sight of the unfamiliar place: κλαῦσά
τε καὶ κώκυσα ἰδὼν ἀσυνήθεα χῶρον.

425 f. *ich bin es nimmer . . .*: 'It is no longer I, and you can no longer
mean anything to me.' Cf. Emp. III 253: 'Ich bin nicht, der
ich bin.'

436 ff. 'You mock me as one who is without experience. You think
that because I did not know your happiness' (*innewerden* = 'become conscious of'), 'I cannot appreciate your suffering' (can
only talk senseless things to you now that you suffer). Pausanias
goes on to show how unjust this is—how deeply he *did* appreciate Empedokles' power and greatness, how keenly he had
sensed the happiness which Empedokles had promised the world.

458 *So du gesprochen:* so is used here in the solemn, archaic style for
the relative pronoun (*das* or *welches*). Also at vv. 1441, 1483.

467 ff. In the MS. there is a note in the margin here:

> 'Seine Sünde ist die Ursünde, deswegen nichts weniger als ein Abstraktum, so wenig, als höchste Freude ein Abstraktum ist, nur [muß] sie genetisch lebendig dargestellt werden.'

483 *Wie kannst so du verzagen:* The unusual word-order causes a heavy stress to fall on *du*: 'How can *you* be so despondent, you, a bold and brave man!'

503 Here and in v. 564 *sehen* is used in the sense of *dreinsehen* or *aussehen*.

513 ff. *Weh!* . . .: The whole of this speech seems to have been inspired by the hatred and contempt which Hölderlin felt for 'the scribes and Pharisees of our time'—see Introduction, p. 23. With this bitter repudiation of the man 'der Heiliges wie ein Gewerbe treibt' (v. 532) cf. Hegel's letter to Schelling, January 1795:

> 'Die Orthodoxie ist nicht zu erschüttern, solang ihre Profession mit weltlichen Vorteilen verknüpft in das Ganze eines Staats verwebt ist.'

516 f. The object of *schonen* is now regularly in the accusative; in the eighteenth century it could be in either the accusative or the genitive. Here we see both constructions in successive lines.

520 f. *wie euch . . . duldet die Natur:* Hölderlin's fierce denunciation of the brutal persecutors of Vanini, the Italian pantheist, ends on a note of awesome wonder (*Vanini* 9 ff.):

> 'Doch die du lebend liebtest, die dich empfing,
> Den Sterbenden, die heilge Natur vergißt
> Der Menschen Tun und deine Feinde
> Kehrten, wie du, in den alten Frieden.'

545 *es frommet keinem nichts:* The double negative, now impermissible, was still fairly common in the eighteenth century. Cf. *Faust* 3488:

> 'Man sieht, daß er an nichts keinen Anteil nimmt.'

566 Note the effective dramatic repetition of the words *glauben wohl, glaubt wohl* (vv. 562, 566).

571 *Ihr dürft es?:* 'You dare, you presume to do this?' *dürfen* usually

180 *Notes*

means to be permitted or entitled to do something, but it was also used to replace the obsolete verb *durren, turren* (cognate with English *dare*) = *wagen, sich unterstehen*; e.g. 'Wer darf das behaupten?' 'Wer darf mir das ins Gesicht sagen?' Cf. v. 734 f.

574 f. Referring to Empedokles' words, v. 520 f. Empedokles having denounced Hermokrates, Pausanias uses similar terms to extend the denunciation to Hermokrates' servile followers. Such details show Hölderlin's firm grasp of the dramatic situation. See Introduction, p. 37.

587 *Der wilde Mut:* Not in the most common modern sense of *Mut* ('courage', 'resolution'), but in the older sense, 'spirit', 'disposition', 'character'.

589 *mit diesen zween:* One would now say *mit diesen zwei* (or rather: *mit diesen beiden*). The Alemannic and Swabian dialects preserved the original three forms of the numeral for the three genders.

593 *So ist es Zeit!:* The first crisis in this great scene. The three immediately preceding speeches of the representatives of the people symbolically indicate that Hermokrates' skilful provocation has achieved its purpose: the passions of the crowd have been excited to such a pitch that he can now safely pronounce the curse which he has long since planned.

594 *Ihr Rachegötter!:* Notwithstanding the masculine form of the word, this must be understood as referring to the Furies, mentioned explicitly in v. 733.

595 *Posidaon:* Poseidōn, god of the sea, Lat. Neptune. Hölderlin uses the Homeric form of the name (Ποσειδάων), substituting a long *i* for ei, and placing the accent on that syllable.

596 f. *ihr Leisewandelnden:* Homer describes the Furies (Erinyes) as 'walking in darkness' and as avenging wrongs 'under the earth' (*Iliad* XIX 87, 259 f.). Goethe's Orestes addresses them as 'ihr Unterird'schen' (*Iphigenie* 581). Thus Hermokrates, as the *Knecht der Furien*, is in league with the infernal powers, while Empedokles is the friend and favourite of the *Kräfte der Höh'* (v. 282 f.).

623 *lästerst unsre Götter:* Referring to v. 533 f.

630 ff. *Die Quelle . . .:* The beginning of the priest's curse recalls the Latin formula of interdiction: 'alicui aqua et igni interdicere'. Hölderlin may have had in mind the curse pronounced by Oedipus upon the unknown murderer of Laius (*Oedipus Tyrannus* 236 ff.). He was also familiar with Plutarch's account of the

curse imposed on Alcibiades for crimes against the goddesses of Eleusis, Demeter and Cora, and for other acts of sacrilege:

'His case going by default, he was condemned and his property confiscated, and in addition it was decreed that he should be publicly cursed by all the priests and priestesses. Only one of these, they say, Theano, the daughter of Menon, of the deme Agraule, refused to obey the decree, saying that she was a praying, not a cursing priestess.' (*Life of Alcibiades* XXII 4)

It may seem strange that Hermokrates should mention the four elements (water, fire or light, earth and air) which we elsewhere associate with Empedokles. This is done deliberately by Hölderlin to produce a certain ironical effect, intensifying to the extreme the suffering of his hero, who thus sees himself formally divorced from his beloved elements by the unworthy agency of the despised priest. So long as Empedokles is bereft of divine inspiration, the priest's curse actually has a certain power over him; cf. v. 1208 ff.

643 *beut:* older form of the 3rd pers. sing. of *bieten* (now *bietet*).

646 *kömmst:* The mutated forms of the 2nd and 3rd pers. sing. of *kommen* were frequent in the eighteenth century but were already being displaced by the forms without *Umlaut*. Hölderlin can use either the mutated or the unmutated forms; cf. v. 1796 (*kommt*).

653 ff. *O komm!* . . .: In this beautiful and moving speech Pausanias replies to every particular of the priest's curse.

677 ff. *ihr selber* . . .: Referring to v. 643. The priest has forbidden the people to offer their hand to Empedokles. Empedokles now reminds them that formerly they had voluntarily refrained from doing so—out of excessive respect and love for him—but had sent the innocent children to offer him their hand.

700 *es würde nacht:* Hölderlin writes *nacht* with a small initial letter, presumably to indicate that the word is used as an adjective (in the sense of *nächtig*). Beissner remarks that in the Swabian dialect *nacht* can even have a comparative and a superlative form: *nächter, am nächtesten.*

706 *Genien:* In *Hyperions Schicksalslied* (v. 2) *Genien* is used of the gods. Here it refers to the *Jünglinge* (v. 703) who are sent by the gods to reinvigorate the human race, who are thus the intermediaries

between gods and men like Plato's δαίμονες (*Symposium* 202 E). At v. 408 above *Geniuskräfte* means the divine powers of nature.

707 *rufet nicht das Weh!:* Cf. 'das Weh über einen schreien', to cry woe to a person, to condemn him.

721 *So!:* The second and supreme crisis of the scene (cf. v. 593 above). The people for the first time threaten physical violence, which the Archon actually approves! and Empedokles, who, except in his attack on Hermokrates, has hitherto been patient and even friendly, is suddenly moved to fierce retaliation. The turning-point is marked by the single word *So!*—just as, in Sophocles' *Oedipus Rex* (v. 350), the similar turning-point in the speech of Tiresias is marked by the word ἄληθες;—'truly?!' 'is it indeed so?!'

724 *Harpyen:* Harpies; filthy, foul-smelling birds of prey. Cf. Virgil, *Aeneid* III 225 ff.

731 f. *du solltest zu Erde werden:* i.e. 'you should die'. Cf. Genesis iii. 19 (Luther's translation): 'du bist erden, und solt zu Erden werden' ('dust thou art, and unto dust shalt thou return').

734 Here again *dürfen* is evidently used in the sense of *wagen*: 'and yet you dared to act as if you were my master', 'you dared to assume authority over me'. Cf. v. 571 and note.

739 *hetzt des Pöbels Zähne:* At v. 736 Empedokles has described it as a sorry sport to hunt a stricken deer. Continuing the metaphor, he now accuses Hermokrates of inciting the rabble to fasten their teeth about his heart (like a pack of hounds).

742 f. *die Götter . . . fleht: flehen* usually has the personal object in the dative. With an accusative object, as here, *anflehen* is usual.

743 *komme:* The imperative singular is usually *komm*, as in vv. 167, 273, 653 &c. *komme* is required here by the metre, as in v. 968.

745 *aber dich?:* Under the stress of emotion Empedokles breaks off and falls silent (aposiopesis). We may complete the thought so: 'aber *dich* so zu behandeln!', or so: 'aber wie konnten sie *dich* verstoßen?' Hölderlin sometimes uses a question mark where an exclamation mark would now be usual. Either could be intended here.

748 ff. 'And since wolves gather where there are corpses, may one also be found for you!' In unfigurative language: Since tyrants usually spring up when the spirit of a people dies, may such a tyrant be found for you, to sate himself with your blood and to purge Sicily of you.

752–8 Hölderlin later drew a line through these verses and wrote in the margin:

> 'Keinen Fluch! er muß lieben, bis ans Unendliche hin, dann stirbt er, um nicht ohne Liebe zu leben und ohne den Genius; er muß den Rest von Versöhnungskraft, der ihm vielleicht ohne das wieder in sein voriges heiligheiteres Leben hätte zurückgeholfen, gleichsam *aufzehren*.'

But the references to this curse at v. 836 and v. 1396 ff. have not been cancelled, so vv. 752–8 must be allowed to stand.

769 *du hattest nichts zu fürchten:* Referring to vv. 236 ff., 250.

782 *Schatte:* This is the older form of the nominative singular (MHG *schate*), now superseded by *Schatten*. Both forms were used in the eighteenth century.

804 f. *nie begibt . . . sich:* Panthea will never resign herself to take barbarians to her heart. *sich begeben* with an infinitive clause is rare, but cf. *sich eines Rechts begeben*.

805 *zärtlichernste:* Cf. v. 121 and note.

807 *Es reden wahr die Scheidenden:* The same thought at v. 1601 f. Kranz (p. 368) suggests that Hölderlin was thinking of the passages in Homer where the dying Patroclus prophesies the death of Hector, and the dying Hector the death of Achilles (*Iliad* XVI 851 ff., XXII 358 ff.).

810 ff. *nach Elis oder Delos . . .:* Elis was the country in the NW. of Peloponnese where the Olympic Games were held. In Delos, a small island in the Aegean, gymnastic and musical contests were held each spring. Winckelmann mentions 'die Statuen der Sieger in den großen Spielen, mit welchen Elis auch schon vor dem Flore der Künste angefüllt war' (*Geschichte der Kunst des Altertums* II 1). Cf. Hölderlin's dissertation, *Geschichte der schönen Künste unter den Griechen* (StA 4, 193):

> 'Überdies ward in folgenden Zeiten die Sitte allgemein, den Siegern Bildsäulen zu setzen. In den heiligsten Orten standen sie, und wurden vom Volke beurteilt und gerühmt, für den Künstler und Athleten ein gleich mächtiger Sporn!'

833 f. *Der Sterbeblick . . . des Lichts:* 'It is only the dying gleam of the light that once in its strength shone joyously among you.' For this use of *Blick* in the sense of 'gleam', 'flash', cf. Goethe's *Werther* (*ad fin.*): 'Ein Nachbar sah den Blick vom Pulver' (the flash of the gunpowder).

838 *mache mich zum Knaben nicht:* That is, don't make me cry.
Similarly, in an earlier version of v. 977 f. Panthea cries: 'du
machst zum Kinde mich!' when she is unable to restrain her
tears.

841 ff. As the boy Ganymede, 'the most beautiful of mortals' (*Iliad*
XX 233), was said to have been carried off by the eagle of Zeus
to be the god's cupbearer in Olympus. Hölderlin refers to the
myth also in *Hyperion* I ii (5th letter) and in the poem *Ganymed*.

854 *Und weiß, wohin:* A clear indication that Empedokles is already
resolved to die. He *knows* the way he has to go. Throughout the
remainder of the play he maintains this resolution unwaveringly,
and it does not appear that Hölderlin changes his plan in the
course of the work as suggested by Emil Staiger (p. 12):

'Das heißt dann aber, daß sich Hölderlin gegen seinen eigenen
Plan von dem trunkenen Untergang hinreißen ließ, daß er zu
früh der Präzipitation der ekstatischen Stimmung erlag.'

It is in any case improbable that in a work which he hoped
would be his masterpiece Hölderlin should have so completely
forgotten his own principle (StA 4, 233):

'Da wo die Nüchternheit dich verläßt, da ist die Grenze
deiner Begeisterung. Der große Dichter ist niemals von sich
selbst verlassen.'

856 *Was* again in the sense of *warum*, as in v. 309.

857 f. *nichts wie Torheit:* Now usually *nichts als*; cf. note on v. 159.

871 *Auch dies noch?:* Empedokles is referring to the approach of the
three slaves (Hölderlin first wrote *auch diese noch?*), thinking how
hard it will be—in addition to his other troubles—to have to
dismiss these faithful friends.

873 *Reisgerät:* Hölderlin usually elides the final *e* in compounds of
Reise. One would now write *Reisegerät*.

879 *auf in diesem Hause wuchsen:* Instead of *in diesem Hause aufwuchsen*.
The *auf* is separated from its verb for metrical reasons.

881 *das herrischkalte Wort:* Hölderlin had himself suffered deeply
from the churlish arrogance of wealthy people who treated
everybody dependent on them with contempt. Cf. the letter to
his mother of 10 October 1798:

'Wenn Sie sehen könnten, auf welchen Grad besonders die
reichen Kaufleute in Frankfurt durch die jetzigen Zeitum-

ständeerbittertsind,und wiesie jeden,der von ihnen abhängt,
diese Erbitterung entgelten lassen . . .'

901 *als wären wir es nimmer:* 'as if it were no longer we', 'as if we were
no longer the same persons'; cf. v. 425 f.

905 *nimmt:* Swabian for *nehmt*; cf. vv. 1350, 1489, 1782.

910 *ihr Freigelaßnen!:* With this word Empedokles declares the en-
franchisement of his three slaves.

916 *geh nicht unter!:* The First Slave seems to divine Empedokles'
fatal purpose.

939 *Hat nun nicht, wo er seinen Schlummer find':* One of the lines that
evoke the figure of Christ; cf. St Matthew viii. 20 (Luther's
translation): 'Des Menschen Sohn hat nicht, wo er sein Haupt
hinlege.'

941 f. *viel sind euer:* Partitive genitive of the personal pronoun (2nd
pers. plur.): 'there are many of you'.

944 *lenkt ich den Wagen:* See v. 7 ff. and note.

946 *ist gleich die Eile gefährlich:* Empedokles is now resolved to *hasten*
his return to the gods—to bring his life to a premature end; and
he supposes this to be the will of the gods. The danger is that he
may be mistaken, and that he may incur the gods' displeasure.

949 *Vielleicht er ist:* Notice the unusual word-order after *vielleicht*. Cf.
vv. 1050, 1506.

958 After *wirst* one must understand *du*, referring to *Rätsel* (v. 959).

963 f. An interesting realistic touch. Delia finds the empty echoing
house uncanny.

991 *Ich Törige:* In the eighteenth century *törig* occurs frequently as
well as *töricht*. Now *töricht* only is used.

996 *An goldnen Seilen:* Beissner compares the reference to the *Sonnengott* in *Dichtermut*, Zweite Fassung, 18 ff.:

'Der in flüchtiger Zeit uns, die Vergänglichen,
Aufgerichtet an goldnen
Gängelbanden, wie Kinder, hält.'

1014 Hölderlin wrote the following verses in the margin here:

'Das habt ihr ihm getan. O laßt nicht mich,
Ihr weisen Richter, ungestraft entkommen;
Ich ehrt ihn ja, und wenn ihr es nicht wißt,
So will ich es ins Angesicht euch sagen.
Dann stoßt mich auch zu eurer Stadt hinaus.

> Und hat er ihm geflucht, der Rasende,
> Mein Vater, ha! so fluch er nun auch mir!'

In Beissner's text these verses are inserted after v. 1004, in Zinkernagel's after v. 1014. In both places they seem to break the train of thought.

1015 *schröckt:* Hölderlin regularly writes *schröken, schröklich* for *schrecken, schrecklich*; cf. v. 1049.

1016 *sich überheben* with a genitive usually means 'to be too proud of something' (cf. Goethe's *Tasso* 3436 f.: 'überhebe nicht | Dich deiner Kraft!'). Here it clearly means 'to be too proud and defiant *in* (one's complaints)'.

1020 *Was müßt er auch beschließen?:* 'What must he resolve to do?', 'what terrible resolution would he feel obliged to take?' (if he were as proud and vehement as you). Delia is hinting that such a violent temperament might drive him to resolve on suicide.

1020 f. *Ängstigest du mich?:* Replying to Delia's 'mich schröckt es, wenn du so . . .' (v. 1015). Panthea replies: Is it now your turn to frighten me?

1034 ff. We are to suppose that in the whole of this speech Panthea is not merely imagining what she says but is accurately describing the sufferings of Empedokles during his exile. Her description is confirmed by the first two scenes of the next act, cf. especially vv. 1077, 1081 ff., 1112 ff. It is essential to Hölderlin's plan that the hero's distress should be depicted in the strongest colours. See his note on v. 1073 a.

1051 f. *sagen einander sichs:* The *es* in *sichs* refers to the word *schröcklich*, v. 1049, which seems to Panthea such a wretchedly feeble word to describe the sufferings of Empedokles. She bitterly suggests that when the people hear that Empedokles lies slain on the street they will say to each other 'schröcklich!' ('isn't it terrible?').

1056 *Elend:* Perhaps an example of the original meaning of *Elend:* 'exile', 'banishment'; cf. Goethe, *Die Natürliche Tochter* 1745: 'Ins Elend übers Meer verbannst du mich.' But at v. 1313 Hölderlin uses the word in its usual modern sense—'misery', 'wretchedness'.

1062 *Jovis Liebling:* Maintaining the metaphor of the *stolzer Adler*. The 'eagle' Empedokles is being tormented and killed. What irony that the eagle should have been called the favourite of Jupiter! Cf. v. 103 and note.

1073 a *Gegend am Aetna:* While the first act takes place in the morning in Agrigentum, the second begins—many days later—on a hot afternoon (v. 1121 f.) on the slopes of Mount Etna. In the course of the act the sun begins to decline and the evening wind is felt (vv. 1425, 1893 ff.). The unexecuted final act would no doubt have taken place in the evening and night of this day.—Hölderlin has the following important note here:

'Hier müssen die ausgestandnen Leiden und Schmähungen so dargestellt werden, daß es für ihn [Empedokles] zur Unmöglichkeit wird, je wieder umzukehren, und sein Entschluß zu den Göttern zu gehn, mehr abgedrungen, als willkürlich erscheint — daß auch seine Versöhnung mit den Agrigentinern sich als die höchste Großmut darstellt.'

This is conclusive evidence that Hölderlin did not intend to let Empedokles return to Agrigentum (cf. Beissner's view, StA 4, 354, that it was to be the function of Panthea and Delia 'den Empedokles umzustimmen, zur Rückkehr zu bewegen').

1077 *unser Land ist ferne:* These words as well as v. 764 f. show that Hölderlin was aware of the geographical position of Mount Etna in relation to Agrigentum. Kranz (p. 168 f.) is evidently mistaken in thinking that, not only in the Frankfort Plan but in all the later versions of the play, Etna and Agrigentum 'in der Dichterphantasie ganz nahe zusammenrücken'. The error is a serious one, for if Empedokles had travelled only a short distance from his native city, he could hardly have experienced the severe hardships which are essential to Hölderlin's plan. The near-by town mentioned in v. 1098 is not Agrigentum, but probably Catina.—Bertaux (*Hölderlin. Essai de biographie intérieure*, Paris, 1936, p. 176) is likewise mistaken in saying that, in the First Version of *Empedokles*, 'l'action se concentre en quelques heures'. This is true only of the Third Version.

1090 f. The peasant has the character which Hölderlin associated with mountain dwellers in general: 'Die Bergbewohner sind, wie überall, etwas barsch und einfältig' (letter to Hegel, 10 July 1794).

1114 ff. Indignation getting the better of discretion, Pausanias betrays his master's identity. This is cleverly contrived by Hölderlin.

1132 The whole of the scene just concluded, which is designed to illustrate the sufferings of Empedokles and Pausanias in exile, recalls the situation of the exiled Oedipus and his daughter Antigone (*Oedipus Coloneus* 347 ff., 444).

188 *Notes*

1138 *Um seines Mantels wegen:* In modern German it must be either *seines Mantels wegen* or *um seines Mantels willen*, but in the eighteenth century *um . . . wegen* was also possible.

1143 *Ich habe wehe dir getan:* Empedokles has inadvertently hurt Pausanias by suggesting (v. 1132) that the latter's zeal to protect him is superfluous.

1152 *der ist auch unser:* 'That is ours too.' If food and shelter belong exclusively to the others, at least water belongs also to us.

1153 *die hohle Kürbis: Kürbis* usually means 'pumpkin'. Hölderlin is referring here to the *Flaschenkürbis* ('bottle-gourd'), a fruit of the cucumber family which can be hollowed out and used as a cup or vessel. The gender of *Kürbis* is normally masculine, but in Swabian dialect sometimes feminine.

1154 f. *klar und kühl . . .:* The coolness of the water is contrasted with the fierce heat of the day already described, v. 1121 f. Here the drinking of the water marks the peripeteia of the play, the transformation of the hero's mood and fortune, as Hölderlin himself indicates in a marginal note at v. 1157:

'Von hier an muß er wie ein höheres Wesen erscheinen, ganz in seiner vorigen Liebe und Macht.'

At the same place, but written before the above, there is also the marginal note: 'wo möglich noch lyrischer!'

1168 *Schatte:* Hölderlin first wrote *Schatten*, then scored out the *n*; cf. note on v. 782.

1171 *Mein Liebling!:* Cf. v. 1691 and v. 1845 (*Liebster!*). Probably influenced by Diogenes Laertius (VIII 60), where Pausanias is described as Empedocles' 'favourite', his 'best beloved' (ἐρώμενος). In Hölderlin's portrayal of the relation of Empedokles and Pausanias there is something of the atmosphere of Plato's *Phaedrus* and *Symposium*.

1172 *Traub(e)* means here, as often, a *bunch* of grapes. Cf. *Hyperion* (StA 3, 71): 'daß ja nichts diese Traube betaste und den erquickenden Tau von den zarten Beeren ihr streife!'

1173 ff. Hölderlin's note: 'weitere Ausführung der Freude, die ihm sein unglücklicher Entschluß gibt'.

1195 *Der Geist:* In the passage from *Hyperion* quoted in the note on v. 419 the air is described as 'Schwester des Geistes'. Here the air, or 'der Aether', is actually identified with *der Geist*.

1207 ff. Hölderlin's note:

'Hier muß er die unversöhnlichste Empfindlichkeit über das Geschehene äußern, die dann auch an dieser Stelle um so natürlicher zum Vorschein kommt, weil er damit in seinem schwererkauften Frieden überrascht wird.'

1209 *an traurigfroher Brust:* Cf. *Heidelberg* 14 ff.:

'Traurigfroh, wie das Herz, wenn es, sich selbst zu schön,
Liebend unterzugehen,
In die Fluten der Zeit sich wirft.'

1210 *Natterbisse:* The 'poisonous avengers' (v. 1212) are the Furies, who were pictured as women with snakes clinging about them—hence *Natterbisse*, 'vipers' bites'. It is as if the curse of Hermokrates were being fulfilled; cf. v. 593.—*Nicht der erste bin ich* may allude to Orestes, who was pursued by the Furies for having killed his mother, Clytemnestra. Note the echo of Hermokrates' words, v. 207.

1217 *Nänie:* Lat. *nēnia*, a funeral song or dirge. By the intense irony of the epithets 'die *brüderliche* Nänie' and 'zur *lieben* Stadt' Empedokles seeks to conceal the bitterness of his suffering.

1223 ff. *still! hinunter solls!* . . .: A powerful expression of unbearable humiliation. The great force of the passage may owe something to Hölderlin's own experience in Frankfort; cf. his letter to Susette Gontard of October (or November) 1799:

'Immer hab' ich die Memme gespielt, um Dich zu schonen, — habe immer getan, als könnt' ich mich in alles schicken, als wär ich so recht zum Spielball der Menschen und der Umstände gemacht und hätte kein festes Herz in mir, das treu und frei in seinem Rechte für sein Bestes schlüge . . .'

1242 *und seiner Götter:* 'At least our spirit is serene and of its gods' (i.e. belonging to its gods, not estranged from them). The predicative genitive is rather harsh, and the MS. suggests that Hölderlin was dissatisfied with it. He rewrote the first half of the line in the margin but omitted *und seiner Götter.*

1246 *Erblasse nicht!:* Pausanias turns pale as he suddenly realizes what Empedokles is going to do. Henceforth he is constantly aware of Empedokles' determination to sacrifice himself (cf. v. 1373 ff.).

1246 *was mein altes Glück* . . .: *was* nominative (referring to his resolve to die), *Glück* accusative.

1262 = 'der Kampf, in dem ich Wunden sammelte'. It is a characteristic of Hölderlin's style that he often placed the pronoun before—sometimes far before—its grammatical antecedent; cf. the lines from the ode *Vanini* quoted in the note on v. 520 f.

1272 f. *schont ich doch . . .*: For the construction of *schonen* see v. 516 f. and note. For the thought cf. Hölderlin's letter to his mother, 18 June 1799:

> '. . . bin auch wohl bei allem Ernste und aller Bedachtsamkeit oft noch ein rechter Knabe, zu gutmütig manchmal gegen die Menschen, und das hat immer Empfindlichkeit und Mißtrauen zur Folge.'

1277 *Elende!*: The stress, which is normally on the first syllable of *elend*, is often shifted to the second syllable in the inflected forms of the word. Read here *Elénde!*

1279 VIERTER AUFTRITT: This great scene falls into three parts: 1. Empedokles' reconciliation with the citizens, leading up to their offering him the crown and his refusing it (vv. 1279–1488); 2. Empedokles' *Heiligtum*—his farewell message to the people (vv. 1488–1602); 3. The unsuccessful attempts of Kritias and the citizens to persuade Empedokles to return to Agrigentum (vv. 1603–1800).

1284 f. 'Does this lifeless people need to quarrel in order to feel itself (alive), in order to be conscious of itself?'

1307 f. Ironical: 'And your ridiculous beggars' arts—to have those (*die* is demonstrative) close to me is worthy of the honour!'—i.e. is on a par with the honour you do me in condescending to let me live among you.

1321 *Acheron*: In Greek mythology a river which separates the realm of the dead (Hades) from the world of the living. Here the word simply stands for Hades.

1323 f. The *es* is merely preparatory, and the subject of both verbs is *Furcht*: 'Fear warned you and for a long time restrained your hands.'

1337 *Mein lieber Geist*: The expression is evidently derived, as Beissner suggests, from the Homeric φίλος θυμός.

1350 ff. This speech is comparable with Empedokles' denunciation of Hermokrates in Act I, v. 513 ff. In both speeches Hermokrates is seen as the *Allverderber* who cannot love, whose gods are dead, and who is at war with nature and with everyone in whom nature and life are strong. He has stifled many a heroic spirit and deterred mankind from many an innocent pleasure. Hölderlin seems to be attacking asceticism or puritanism here—what he elsewhere calls *Mönchsmoral* (StA 4, 235).

1380 *sein eigen Element:* The element to which he properly belongs, i.e. the 'dead swamp' mentioned in the next line.

1382 ff. *erbarmt'* (v. 1382) is past subjunctive (conditional); *erbarmt* (v. 1384) is either present tense or—more probably—the past participle (with *hat* understood): 'I would take pity on his grey hair as he has taken pity on the others—down he would go!'

1393 *Saturnus' Zeit:* The age of Saturn (corresponding to the Greek Kronos) was the legendary Golden Age on earth (see Hesiod, *Works and Days* 109 ff.). Hence Hölderlin, in his later poem *Natur und Kunst*, describes Saturn as 'der Gott der goldenen Zeit'. The reference at v. 1617 f. to 'die glücklichen Saturnus-tage | Die neuen, männlichern' must therefore be regarded as the promise of a new, more manly Golden Age.—Hölderlin's characteristic tendency to dwell on the vision of a Golden Age, either in the past or in the future, may be contrasted with Goethe's equally characteristic treatment of the same theme in *Tasso* 998 ff.:

> 'Die goldne Zeit, womit der Dichter uns
> Zu schmeicheln pflegt, die schöne Zeit, sie war,
> So scheint es mir, so wenig, als sie ist;
> Und war sie je, so war sie nur gewiß,
> Wie sie uns immer wieder werden kann.'

1396 *alles war genug: alles* is here the genitive: 'of everything there was enough'.

1397 *Den Fluch:* Referring to v. 745 ff.

1413 *Tempelraub:* 'Das schwerste Verbrechen gegen die Götter' (Ida Maria Ruppel, p. 89, note 1).

1415 *götterfrei:* 'free as gods'.

1433 *Numa:* Numa Pompilius, the second of the kings of Rome (after Romulus), is thought to have reigned in the first half of the seventh century B.C. and may be considered to have laid the foundations of Rome's greatness by his wise laws. That greatness, it is true, had not yet been achieved in the time of Empedocles—the middle of the fifth century—but Hölderlin, as a dramatist, is naturally little concerned about historical accuracy. Cf. the anachronistic reference to Plato, Emp. III 318.

1438 Cf. Introduction, p. 27 f. Hölderlin was always deeply impressed by the rejection of kingly power; cf. *Hyperion* I ii (last letter):

> 'Hiezu kam die wundergroße Tat des Theseus, die freiwillige Beschränkung seiner eignen königlichen Gewalt. — O! solch ein Samenkorn in die Herzen des Volks geworfen muß einen Ozean von goldnen Ähren erzeugen, und sichtbar wirkt und wuchert es spät noch unter den Athenern.'

1454 *Vergib!:* Empedokles' refusal of the crown proves to Kritias the injustice of his former suspicion that Empedokles was aspiring to the tyranny (cf. vv. 236, 769).

1462 Zinkernagel and Beissner omit this line, but it is not deleted in the MS., and v. 1483 presupposes its inclusion.

1463 Kranz (p. 184) understands the *schöne Namen* as titles of honour conferred on Empedokles for his wonderful feats, e.g. the feat of checking the winds that were spoiling the crops, which earned for him the title 'Wind-Checker' (Diogenes Laertius VIII 60). Cf. Emp. II 84 f.

1464 *nimmeralternd Erz:* 'never-ageing bronze'. Beissner suggests that this may be a reminiscence of Horace's *aere perennius* (*Odes* III 30, 1).—In the Frankfort Plan the Agrigentines actually erect a statue to Empedokles, here they merely promise him one. The *motif* was no doubt suggested by Laertius' mention (VIII 72) of a statue of Empedocles in Agrigentum.

1473 *eurer denken:* In biblical and poetic language *denken*, in the sense of 'remember', can take the genitive like other verbs of remembering, mentioning, &c. So also at vv. 849, 1478 f. Cf. Schiller, *Wilhelm Tell* 2484:

> 'O, denket nicht des Irrtums meiner Jugend.'

gedenken can still be so used in prose, but not *denken.*—*eurer* refers both backward to *Gärten* and *Licht* and forward to *Tage.*

1505 f. If he had spoken out earlier, the people would have seen that he was not aiming at the tyranny and they might not have exiled him.

1507 ff. Empedokles' *Heiligtum* (v. 1490)—his farewell message to the people. It embodies the ideas which were most precious and important to Hölderlin himself and which he was later to express in his great hymns and elegies, perhaps most fully in the *Friedensfeier.*

1510 The *nur* goes with the infinitive: 'Only to remain at home the plants and animals strive.'

1519 *sich verjüngen:* In the idea of the rejuvenation of mankind and of human society and institutions Hölderlin was probably influenced by Herder's *Tithon und Aurora* (Suphan XVI 120, 122):

> 'Alle Stände und Einrichtungen der Gesellschaft sind Kinder der Zeit; diese alte Mutter gebahr, nährte, erzog sie; sie schmückte, stattete sie aus, und nach einem langen oder kurzen Leben begräbt sie sie, wie sie sich selbst begräbt und wieder verjüngt . . . Der alte Mensch in uns soll sterben, damit eine neue Jugend emporkeime.'

1522 Achilles was said to have been plunged into the Styx by his mother Thetis when he was an infant, and so to have been made invulnerable except in the heel which she held him by.

1529 *Gesetz' und Bräuch':* Beissner reads *Gesetz und Brauch*, but the MS. distinctly shows *Bräuch*, so we must assume (with Zinkernagel) that the plural of *Gesetz* also is intended. Empedokles is not opposed to law and custom in the abstract—he realizes that the future order of society will also need to be buttressed by law (v. 1551)—but he is opposed to the particular laws and customs which have hitherto obtained in Agrigentum. Cf. Hölderlin's remark about the Germans of his own time (letter to his brother, 1 January 1799):

> '. . . wenn sie vom Bauchdienst und den toten, herz- und sinnlos gewordenen Gebräuchen und Meinungen lassen sollten, unter denen ihre bessere lebendige Natur unhörbar, wie eine tief eingekerkerte, seufzt.'

1539 *der Wonne schöner Dämmerung:* '(out of) the beautiful twilight of joy'. *Dämmerung* is for Hölderlin associated with the ecstatic spirit of nature, the rapturous realm of Saturn in which things lose their sharp clear outlines and melt into a divine unity. Hence 'heilige Dämmerung' (*Natur und Kunst oder Saturn und Jupiter* 28).

1545 f. *reicht die Hände . . .:* Cf. Hölderlin's letter to Landauer, March 1801: 'Könnt' ich einen Tag bei euch sein! euch die Hände bieten!' Adolf Beck comments (StA 6, 1067):

> 'Diese schlichte Gebärde . . . ist auch in der späteren Dichtung Hölderlins, und zwar immer in bedeutenden Szenen,

die symbolische Urgebärde der liebenden Versöhnung oder Verbundenheit.'

So also at the culmination of this scene, v. 1760 f.

1546 *teilt das Gut:* Bertaux (op. cit., p. 194) understands *das Gut* in a material sense (= 'property', 'wealth') and translates: 'partagez les biens'. He is consequently led to regard Empedokles' speech as the outline of 'un programme jacobin, et même communiste'. I formerly ('Hölderlin and Sophocles', *German Life and Letters*, vol. XII, p. 167 f.) interpreted the passage similarly, but now understand *das Gut* in a spiritual sense, anticipating *Tat und Ruhm* in the following line: 'Pledge your word and share the boon . . . (the boon of) action and glory.' Cf. *Brot und Wein* 66 ff.:

'es ertrug keiner das Leben allein;
Ausgeteilet erfreut solch Gut und getauschet mit Fremden,
Wirds ein Jubel.'

It is one of Hölderlin's deepest convictions that true benefits are increased by communication and that there is nothing more pernicious than the jealous urge to monopolize them. Hence the democratic principle: 'Jeder sei | Wie alle' (v. 1548 f.). But the desired regeneration of society must go deeper than any merely political revolution. It may include democracy or socialism but must also transcend them, just as the love of the members of a family should include but also transcend the recognition of rights and duties in respect to each other.

1548 *Dioskuren:* 'The Dioscuri' (Διὸς κοῦροι, 'sons of Zeus') was the name given to Castor and Polydeuces (Lat. Pollux), twin children of Zeus and Leda. Castor was mortal, Polydeuces immortal, and when Castor was killed Polydeuces showed his devotion to him by agreeing to share his immortality with him. Whereupon Zeus restored Castor to life, and henceforth the two brothers spend half their time beneath the earth and half in heaven (cf. Pindar, *Nemean Odes* X 73 ff.). Hölderlin frequently refers to them as a symbol of noble friendship.

1549 *wie auf schlanken Säulen:* Cf. August Henning: 'Wie ewige Säulen, so stehen fest die Gesetze', quoted by Herder, *Gott* (1787) (Suphan XVI 455).

1552 ff. After the great renewal of society the liberated people will invite to their festivals the *Genien der wandelnden Natur,* i.e. the divine powers of ever-changing nature, Empedokles' nature-gods. Or as it is expressed in v. 1567 ff., the human spirit will once more feel itself in divine relationship to the sun-god.—Alongside vv. 1549–54 Hölderlin later pencilled the following lines in the margin:

> 'Die ihr aus Tiefen und aus Höhn die Freude nimmt
> Und sie wie Müh und Glück und Sonnenschein und Regen
> Den engbeschränkten Sterblichen ans Herz
> Aus ferner fremder Welt herbei bringt,'

Zinkernagel omits these verses. Beissner includes them immediately after v. 1553, where they are quite apposite in sense, but cause the subject of the sentence (*Volk*) to be very widely separated from its verb (*ladet*), and so disturb the balance of the sentence.

1561 a The space after v. 1561 was left free by Hölderlin for a possible interpolation, but only the first word (*Und*) of the projected sentence appears in the MS.

1573 ff. 'Often the heart of mortals sleeps, like noble seed-grain, in a dead husk, until their time has come.' Cf. Hölderlin's letter to his mother, January 1799 (StA 6, 310):

> 'Aber gerade wie nach dem Winter der Frühling kommt, so kam auch immer nach dem Geistestode der Menschen neues Leben.'

Thus Hölderlin believed in a never-ending historical cycle in which periods of nearness to the divine alternate with periods of estrangement from it, as in the cycle of the seasons summer alternates with winter. See Introduction, p. 27.

1577 *Ihr Auge:* The antecedent of *Ihr* is *der Sterblichen* (v. 1574). For the thought cf. Hölderlin's later hymn *Germanien* 81 f.:

> 'O trinke Morgenlüfte,
> Bis daß du offen bist . . .'

1584 *Niobe:* She was the wife of Amphion, King of Thebes, and boasted that she had borne more children than the goddess Leto, mother of Apollo and Artemis. To punish her for this boast, Apollo and Artemis killed all her children, and Niobe herself was turned to stone on Mount Sipylus. There, as Sophocles' Antigone says of her (v. 827 ff.), 'the rains . . . and snow never leave her' (καί νιν ὄμβροι . . . χιών τ' οὐδαμὰ λείπει).

Thus Hölderlin can appropriately liken to the fate of Niobe the
state of the human heart when, in the 'winter' of history, it feels
itself petrified or imprisoned in its 'cold exile'. *fühlt* in v. 1585
must be understood with *sich gefangen* as well as with *sich kräftiger*.
Translate:

> 'Until they are tired of their narrow activity and their breast
> feels itself, like Niobe, imprisoned in its cold exile and the
> Spirit (feels itself) stronger than all legend and, mindful of its
> origin, seeks life, living beauty, and would gladly unfold itself
> in the presence of the Divine' (that which is pure).

1589 *ein neuer Tag:* The promise of a new *Göttertag*; cf. *Brot und Wein*
71 f.:

> 'Denn so kehren die Himmlischen ein, tiefschütternd gelangt so
> Aus den Schatten herab unter die Menschen ihr Tag.'

Notwithstanding the lacunae at vv. 1593 and 1596 the train of
thought is clear: When renewed reverence for nature brings the
dawning of the new *Göttertag*, the people will at first be aston-
ished and unable to believe what they are witnessing, but will be
forced to recognize that it is indeed *they*—the long-desired, the
living, the good gods—who are visiting the earth. Empedokles
concludes by saying that he must 'go down' with the setting sun
('the star of life') and that he has spoken as one who is about to
depart—but he does not yet make it quite clear that by departure he means death (cf. v. 1628 f.).—As in the idea of the re-
juvenation of society, so also in the idea of alternating historical
periods of 'night' and 'day' Hölderlin is influenced by Herder.
Cf. Herder's *Über die Seelenwandrung* (1781) (Suphan XV 407):

> 'Schlagen Sie in der Geschichte nach, Sie werden immer
> finden, daß äußere Ursachen die Leute weckten . . . daß eine
> Nacht von Zeiten vorbei war, und endlich doch wieder
> Morgen anbrechen *mußte*.'

1602 Having said this, it would be impossible for Empedokles to
return to Agrigentum without discrediting his farewell message.
Cf. v. 807 and note; also the note on v. 1073 a.

1603 *beim lebendigen Olymp:* That is, by the *living* gods of Empedokles
(as opposed to the dead gods of Hermokrates) which have now
at last been revealed to Kritias in his old age. Cf. v. 419 f. and
Grund zum Empedokles (StA 4, 160):

'In diesem unabhängigen Verhältnisse lebt er, in jener höchsten Innigkeit, die den Grundton seines Charakters macht,
mit den Elementen, indes die Welt um ihn hierin gerade im
höchsten Gegensatze lebt, in jenem freigeisterischen Nicht-
denken, Nichtanerkennen des Lebendigen . . .'

1618 *Die neuen, männlichern:* Cf. v. 1393 and note. The new days of
Saturn, i.e. the new Golden Age, are said to be 'more manly'
than the old, because they will be not merely a return to the
infantile state of nature but a mature synthesis of Nature and
Spirit, of heart and mind, a reattainment of Paradise on a
higher intellectual level. Cf. *Hyperion* I ii (15th letter):

'Von Kinderharmonie sind einst die Völker ausgegangen, die
Harmonie der Geister wird der Anfang einer neuen Welt-
geschichte sein . . . Ideal wird, was Natur war.'

Thus Hölderlin, like so many writers of his contemporaries—
Schiller, Fichte, Novalis, Kleist, Schelling and Hegel—posits a
triadic development of mankind from a state of natural sim-
plicity (thesis), through a confused condition of intellectualism
(antithesis), to an ideal culture combining *Natur* and *Geist* (synthesis). This last is the new 'more manly' Golden Age.

1619 f. Empedokles has already told the people that they must be
prepared to abandon the old mythology (vv. 1529 f., 1584 f.).
He now tells them that when contact with the living inspiration
of nature has been restored, when the 'night' of history has
given way to the 'day', the 'winter' to the *Frühlingslicht* (v. 1621),
then, 'warmed' by the new inspiration—or, as Hölderlin
originally wrote, 'erwärmt an eurer neuen Freude'—the myths
of their ancestors may live again, the forgotten world of heroes
rise from the shades. Hölderlin seems to have believed that in
the enthusiasm of the future *Göttertag* the ancient myths, the old
gods and heroes, would acquire a new significance and reality;
and, as Gisela Wagner remarks (p. 127), this development seems
to be foreshadowed in Hölderlin's later poetry, where such
figures as Heracles, Dionysus, the Charites, the Dioscuri, the
Titans and Cerberus play a prominent part together with the
nature-gods. See also *Brot und Wein* 81 ff.

1630 *O Wünsche!:* The thought which has been compressed into this
exclamation is indicated in the original reading:

'O Sohn! es wünschen viel die Sterblichen,
Und Irrtum ist, was sie nicht wünschen, ihnen.'

1632 f. Supplying *ihr* from the previous line, translate: '(You) say "You are mistaken"—you simpletons!—to the power that is mightier than you.'

1634 f. This passage seems to support the view that Empedokles' suicide is not merely a wilful egotistical act, but a divinely appointed incident in the progress of life towards its perfection— and not only in the progress of Empedokles' individual life (would Hölderlin compare that to the movement of the stars?), but in the progress of human life in general. Both in the fragment *Palingenesie* (v. 3) and in the letter to his brother of 4 June 1799 (StA 6, 328) Hölderlin uses the expression *Vollendungsgang* in connexion with an objective historical process: 'dem Vollendungsgange der alten Natur'. Cf. Herder's *Tithon und Aurora* (Suphan XVI 121): 'Handle, so viel an Dir ist, klug und weise; ihren großen *Gang* wird die Zeit gehen und das Ihrige *vollenden*' (my italics). See Introduction, p. 31 ff.

1636 f. *eh als:* The conjunction *ehe* is not accompanied by *als* in modern German, but *ehe als* or *ehe denn* (corresponding to Lat. *prius quam, ante quam*) was common in the older language.

1648 *gelebt hab ich:* That is, he has enjoyed a rich and full life, he has *lived* in the truest sense of the word. Beissner compares Horace, *Odes* III 29, 41 ff.:

> 'ille potens sui
> lætusque deget cui licet in diem
> dixisse: "Vixi".'

Cf. also *Hyperion* I ii (15th letter *ad fin.*):

> 'Ja! ja! ich bin vorausbezahlt, ich habe gelebt. Mehr
> Freude konnt ein Gott ertragen, aber ich nicht.'

1661 *des Himmels alten Lieblingen:* Referring again to Tantalus (cf. note on v. 207 ff.); perhaps also to Ixion, who was first favoured by Zeus, but then attempted to make love to Hera. He only succeeded in embracing a cloud, which had been substituted for the goddess; but he was nevertheless punished for his ingratitude by being bound to an eternally revolving wheel in Hades (Pindar, *Pythian Odes* II 25 ff.).

1674 *der . . . Geißel wartet:* In biblical and elevated language *warten* can be used with the genitive instead of with *auf* and the accusative; cf. Matthew xi. 3: 'Bist du, der da kommen soll, oder sollen wir eines andern warten?'

1677 *für kurze Zeit geboren:* Hölderlin's translation of the epithet which
Homer applied to Achilles. Cf. Hölderlin's fragmentary essay
Über Achill (*1*) (StA 4, 224) and Introduction, p. 29.

1681 f. 'And it was still possible for me to give you what was dearest
to me, the heart of my heart'—referring to his farewell message.
Susette Gontard had applied this expression to Hölderlin himself in her letter of the 3(?) October 1798:

> 'Von dem, der das Herz meines Herzens nicht schonte, muß
> die kleinste Gefälligkeit anzunehmen mir wie Gift sein, so
> lange die Empfindlichkeit dieses Herzens dauret.'

1684 *Wir brauchen deines Rats: brauchen* now regularly takes the accusative; the genitive is archaic or poetic. With the impersonal
construction, however, *es braucht* . . ., the object is still regularly
in the genitive; cf. v. 1385.

1688 ff. The Pythia or priestess of Pythian Apollo at Delphi was
usually an old woman (hence *die alte Pythia*), but her oracular
utterances were supposed to be inspired by Apollo, who was
always pictured as a youthful god (hence *aus junger Quelle*). Cf.
Winckelmann, *Geschichte der Kunst des Altertums* (1763), Berlin
und Wien, 1913, p. 165:

> 'Der höchste Begriff idealischer männlicher Jugend ist sonder-
> lich im Apollo gebildet, in welchem sich die Stärke voll-
> kommener Jahre mit den sanften Formen des schönsten
> Frühlings der Jugend vereinigt findet.'

Winckelmann goes on to describe how the Greeks also represented Mercury, Mars and Bacchus as youths, though of a more
mature type. Cf. *Friedensfeier* 39: 'ewigen Jünglingen ähnlich'
and 48: 'o Jüngling' (addressed to Christ).—Kranz (p. 376)
thinks *Quelle* refers to the stream Cassiotis which flowed through
the temple at Delphi.

1696 *schweigen muß ich!:* Cf. v. 1889 ff.

1712 f. *nach Aegyptos:* The tradition that Empedocles had studied in
Egypt is not supported by Diogenes Laertius. Beissner (StA
4, 330) suggests that Hölderlin may have read in G. C. Ham-
berger's *Zuverlässige Nachrichten von den vornehmsten Schriftstellern
vom Anfange der Welt bis 1500* (vol. I, Lemgo, 1756, p. 134) that Empedocles had 'seine Wissenschaft bei den egyptischen Priestern
erlernet'. Or Hölderlin may have simply extended to Empedocles the knowledge of Egypt which was traditionally ascribed

to other pre-Socratic philosophers, Solon, Thales, Pythagoras. Cf. Emp. III 325.

1715 *Es ahndet mir:* The Third Citizen now divines what at first only Pausanias understood—Empedokles' intention to kill himself. Cf. v. 1628.

1730 *Othem:* See note on v. 52.

1730 ff. *Es muß . . .:* The climax of Empedokles' speech. Hölderlin's note: 'stärker! stolzer! letzter höchster Aufflug!'

1734 *Das vielversuchende Geschlecht:* Cf. *Grund zum Empedokles*, StA 4, 158: 'der lebhafte allesversuchende Kunstgeist seines Volks'.

1748 *Tage zählen:* An expression of impatience with the dull temporal order of existence ('the law of succession') as opposed to the intense reality of eternity—an impatience which is basic to Hölderlin's conception of his hero. Cf. the words in *Hyperion* (quoted Introduction, p. 10, note 1): *des Stundenzählens satt.* Such an intensity of experience, transcending time, seems possible to Hölderlin only in youth, and so his Empedokles must die young.

1757 The antecedent of *dem* in this line is evidently *der Geist der Welt* (v. 1756), though in vv. 1752, 1755 the pronouns *dem, den, dem* clearly refer to Empedokles. Translate:

'whom light and earth loved, in whom the spirit, the spirit of the world, awakened his own spirit—in which (spirit of the world) they (earth and light) exist, to which (spirit of the world) I in death return'.

1760 f. *reiche mir die Hände:* The moment of Empedokles' formal fare-well is marked by the simple gesture mentioned above (note on v. 1545 f.). It embraces all the citizens except Pausanias, to whom the words *Du bleibest . . . bis zum Abend* are addressed parenthetically. Empedokles then turns again to the people with the words *Trauert nicht!*

1766 An earlier variant reads 'auf weichem Boden wandelt', which with its reminiscence of *Hyperions Schicksalslied* ('Ihr wandelt droben im Licht | Auf weichem Boden, selige Genien!') shows that Hölderlin is thinking of the heavenly world inhabited by the gods, where the paths will be new to the hero who has just sacrificed himself.

1767 ff. *wie der Schiffer . . .:* The long Homeric simile may remind one of Odysseus returning after many years (*gealtert*) to his home in Ithaca. For the comparison of the air to the sea cf. *An den Aether* 45 ff.:

'Dennoch genügt ihm nicht; denn der tiefere Ozean reizt uns,
Wo die leichtere Welle sich regt — o wer dort an jene
Goldnen Küsten das wandernde Schiff zu treiben vermöchte!'

1772 *Vergessenheit!:* So Hyperion says of Diotima (I ii 10th letter): 'Sie war mein Lethe, diese Seele, mein heiliger Lethe, woraus ich die Vergessenheit des Daseins trank.'

1778 f. An example of the impersonal use of *es* (here combined by elision with *euch*) in describing natural phenomena the source of which is indeterminate or unclear; cf. Emp. III 346: '*So redet es mit dir?*' One can only translate: 'And when with friendly songs the serene heights receive you, answer you . . .' *euch* must be regarded as accusative with *empfängt*, as dative with *antwortet*.

1780 ff. Cf. Shelley, *Adonais* 370 f.:

'He is made one with Nature: there is heard
His voice in all her music . . .'

1781 *ins Liebeschor: Chor* in the sense of 'chorus' is now regularly masculine; *das Chor* means the choir or chancel of a church. In the eighteenth century the neuter could be used in either sense.

1804 *Zum heilgen Fremdlinge:* A bitterly ironical allusion to v. 1676 f.

1828 *O Sohn Uraniens!:* Hölderlin first wrote *O Götterbote!* It is Empedokles' dignity as a messenger of the gods which makes it impossible for him to survive the humiliation inflicted on him.— *Urania* was an epithet applied to Aphrodite as the daughter of the Sky (Uranos) (Hesiod, *Theogonia* 191 ff.). Hölderlin may also have been influenced by Plato's *Symposium* 180 (the distinction between Aphrodite Urania, heavenly love, and Aphrodite Pandemos, popular or vulgar love) and by a passage of Heinse's *Ardinghello* quoted as a motto to his *Hymne an die Göttin der Harmonie:*

'Urania, die glänzende Jungfrau, hält mit ihrem Zaubergürtel das Weltall in tobendem Entzücken zusammen.'

So Urania is the goddess of beauty, love and harmony. But *Urania* was also the name of one of the nine Muses (*Theogonia* 75 ff.), and Hölderlin too regards his Urania as a Muse. In his *Gesang des Deutschen* 51 ff. he refers to Urania as the 'first and last of all the Muses', who recalls the most glorious age of the past and prepares the new age of glory which Hölderlin believed to be about to dawn on Germany. She is 'aus Liebe geboren und gut', and so also will be the new creation which will bear witness to her. Hölderlin there describes himself as the 'son' and prophet of this goddess. It is the poet's task to foster with song the 'heavenly plant' of love, which is to grow to be a forest sheltering a whole people (*Die Liebe* 21 ff.). Thus in addressing Empedokles as *Sohn Uraniens* Pausanias is ascribing to him this same great mission—to be the singer and seer of a new age of love. (Cf. the use of the name *Urania* by Milton, *Paradise Lost* VII 1 ff., and by Shelley, *Adonais* 12 ff.)

1840 f. See note on v. 1171.

1883 *O Jupiter Befreier!:* See v. 1892 and note. The exclamation seems to be used here in opposition to the thought of the river which is *gefesselt* (v. 1875) and of the *Gefängnissen* (v. 1879) in which the spirit of life refuses to be confined. Empedokles then sends Pausanias away to prepare the final celebration of his departure, and again, at v. 1892, with the same apostrophe, takes up his interrupted train of thought which he can only express fully in solitude. At each stage of his career Empedokles expresses his most intense and personal thoughts in a soliloquy.—Hölderlin later wrote in the margin here: 'stärkerer Ausruf!'

1884 ff. An obvious parallel to the Last Supper, where Christ and his disciples not only ate bread and drank wine, but also sang a hymn before going out into the mount of Olives.—The symbolical significance of bread and wine for Hölderlin is most clearly expressed in the elegy *Brot und Wein*, especially v. 137 ff.:

'Brot ist der Erde Frucht, doch ists vom Lichte gesegnet,
    Und vom donnernden Gott kommet die Freude des Weins.
Darum denken wir auch dabei der Himmlischen, die sonst
    Da gewesen und die kehren in richtiger Zeit.'

Cf. also *Patmos* 81 ff.

1892 ff. The last and most brilliant of Empedokles' four soliloquies. It is metrically more regular than the others, and has been elaborated with great care. Its thirty-three lines with their modifications and corrections take up to five pages of the MS.

1892 *Jupiter Befreier!:* Cf. Pindar, *Olympian Odes* XII 1: παῖ Ζηνὸς Ἐλευθερίου ('child of Zeus the Deliverer'); Tacitus, *Annals* XV 64: 'libare se liquorem illum Jovi liberatori' ('he was offering this libation to Jupiter the Liberator'—said by Seneca as he was committing suicide). The sense in which Hölderlin uses the name *Jupiter* here must be carefully distinguished from its meaning in Emp. II 351 and in the poem *Natur und Kunst oder Saturn und Jupiter*. There Jupiter symbolizes human art or culture as opposed to nature, represented by the older and greater god Saturn. Here Jupiter stands for the spirit of nature itself. He is the mythical expression of the divine unity of nature; just as, in Hölderlin's essay *Über den Unterschied der Dichtarten*, 'the original oneness' of reality (*das Ursprünglicheinige*) is identified with Zeus. In Hölderlin's view, this divine oneness of reality, the ecstatic union with everything that lives, is what tragedy is basically concerned with; and that is why he can write in a letter to Böhlendorff of 4 December 1801: 'Der herrliche Jupiter ist denn doch der letzte Gedanke beim Untergange eines Sterblichen.'—The epithet *Befreier* refers to Empedokles' hope that, by his sacrificial death, he may be liberated from the limitations of temporal existence (from the 'Kerker, der uns umnach tet', as Hyperion puts it) into the infinite harmony and unityof the eternal life of nature. But in addition to Empedokles' personal liberation, is it also a question of the religious and political liberation of his people? In the ode *Der blinde Sänger* (v. 30) Hölderlin mentions 'den Befreier' (Jupiter) in connexion with the dawning of the new *Göttertag*. See Introduction, p. 34 f.

1896 *gereift ists!*: Cf. Frankfort Plan, *Vierter Akt* (StA 4, 147):

'Nun reift sein Entschluß, . . . durch freiwilligen Tod sich mit der unendlichen Natur zu vereinen.'

This is one of the indications that the second act of this version corresponds to the fourth act of the Frankfort Plan. The occurrence of the phrase *gereift ists* in a variant of Emp. III 64 indicates that the Third Version begins at an even later stage of the action.

1897 ff. Empedokles imagines the eternal spirit of nature shining steadfastly like a star while his temporal existence is carried away like driving clouds. Cf. the fuller development of the thought in Emp. III 301-9.

1914 f. *Schauderndes Verlangen!*: Though this expression apparently corresponds to *bange Sehnsucht* (v. 1642) and is in that sense a true oxymoron, it can perhaps also be interpreted as 'ein freudiges Schaudern' (Adolf Beck, *Hölderlin: Beiträge zu seinem*

Verständnis in unserm Jahrhundert, ed. cit., p. 270). Cf. Introduction, p. 10 f.

1917 *Schreckensbecher* evokes the double meaning of the Greek word krātēr: (*a*) 'a large bowl for mixing wine'; (*b*) 'the mouth of a volcano', 'a crater'. Empedokles imagines the *crater* to be a huge and dreadful wine-cup from which he is destined to drink the last and greatest of his intoxications—a bold metaphorical play on words.—Gisela Wagner (p. 77) has insisted on the special importance, for Hölderlin, of *fire* as representing the divine unity of life:

> 'Das unendliche Leben . . . ist eine ἀρχή im Sinn der Milesier und im Sinn des Heraklitischen πῦρ und Hen. Es ist auch bei Hölderlin in einer bedingten Weise das Feuer selbst. Das ist im "Empedokles" durch den Aetnatod ausgesprochen. Es ist nicht unwesentlich, welcher Art der Tod ist, durch den sich Empedokles mit dem unendlichen Leben vereinigt: er sucht einen Flammentod.'

1922 *Iris' Bogen:* Iris, the goddess of the rainbow, is the messenger of the gods, and the expression *Iris' Bogen* may suggest that, in dying, Empedokles is obeying the will of the gods, the will of *Jupiter Befreier*. Hölderlin elsewhere refers to the rainbow as 'der Bogen des Friedens nach dem Sturme' (StA 3, 173). It may be understood, therefore, as primarily symbolizing the *peace* to which Empedokles will attain after all his suffering and sacrifice (StA 3, 236):

> 'Jenen ewigen Widerstreit zwischen unserem Selbst und der Welt zu endigen, den Frieden alles Friedens, der höher ist, denn alle Vernunft, den wiederzubringen, uns mit der Natur zu vereinigen zu *einem* unendlichen Ganzen, das ist das Ziel all unseres Strebens, wir mögen uns darüber verstehen oder nicht.'

But in the elegy *Heimkunft* (79 f.) the rainbow seems to represent the promise of the new *Göttertag*, and here also, at the close of Empedokles' speech, the symbol may have something of the significance which D. H. Lawrence attached to it (*The Rainbow, ad fin.*):

> 'She saw in the rainbow the earth's new architecture, the old, brittle corruption of houses and factories swept away, the world built up in a living fabric of Truth, fitting to the overarching heaven.'

DER TOD DES EMPEDOKLES, ZWEITE FASSUNG

Chor der Agrigentiner: Chor apparently means here only 'crowd' or 'throng'. It does not imply that this version was intended to have regular choruses in the classical style as envisaged in the plan for the continuation of the Third Version (StA 4, 167 f.).

27 Hölderlin first wrote: *Es ward Ihre Beute*; then *die Beute der Kühnen*. Finally as in the text.

35 ff. An allusion to Prometheus, said to have stolen fire from heaven and to have given it to mortals (Aeschylus, *Prometheus Vinctus* 107 ff.). Hölderlin characteristically interprets the myth as referring to the fire of *life* (*die Lebensflamm*), the fire of living inspiration.

62 f. Again a reminiscence of the *Prometheus Vinctus* (120 ff.):

> ὁρᾶτε δεσμώτην με δύσποτμον θεόν,
> τὸν Διὸς ἐχθρόν . . .
> διὰ τὴν λίαν φιλότητα βροτῶν.

('Behold me, ill-fated god, a prisoner, hated of Zeus . . . for my too great love of mortals')

89 f. A hint that Empedokles has allowed himself to be infatuated by the adulation of the people and that he has presumed to regard himself as equal to the gods—though it is not directly stated in this version, as it was in the first, that he has called himself a god.

91 Like Schiller, Hölderlin wrote *glaubig* (without mutation). We must now say *gläubig*.

94 *und wir helfen ihm:* This seems to be added with grim irony: 'we shall help him out of it'—that is, by banishing him.

99 *Agora* (ἀγορά), a place of assembly, market-place, forum. Hölderlin regularly stresses the second syllable.

103 ff. Cf. *Der Rhein* 109 ff.:

> 'Denn weil
> Die Seligsten nichts fühlen von selbst,
> Muß wohl, wenn solches zu sagen
> Erlaubt ist, in der Götter Namen
> Teilnehmend fühlen ein Andrer,
> Den brauchen sie.'

Also Goethe, *Das Göttliche* 13 f.:

> 'Denn unfühlend
> Ist die Natur.'

119 ff. Reminiscent of Plato's account of the *daimon* Eros (*Symposium* 202 E, W. R. M. Lamb's translation):

> 'Interpreting and transporting human things to the gods and divine things to men . . . it makes each to supplement the other, so that the whole is combined in one.'

Cf. also v. 128 ff.

140 Cf. Hölderlin's letter to Neuffer, 12 November 1798:

> 'Diese Empfindlichkeit scheint darin ihren Grund zu haben, daß ich im Verhältnis mit den Erfahrungen, die ich machen mußte, nicht fest und unzerstörbar genug organisiert war . . . Weil ich zerstörbarer bin, als mancher andre.'

174 f. *bloßgeben*, 'expose'. Note the unusual position of the separable prefix. Cf. Emp. I 879.

241 f. That is, it must blind them.

391 Endymion, the most beautiful of youths, was loved by the moon-goddess who visited him every night.

474 Unlike the First Version, the Second Version makes no express mention of Empedokles' *political* activity. Is this an indication that Hölderlin's interest in politics was declining? Or did he find it more expedient not to express such an interest? In his letter to Ebel of November 1799 he writes: 'Ihr Urteil über Paris ist mir sehr nahe gegangen . . .'

521 Beissner thinks the full-stop in the MS. after *Mit Ruhe* has been put there by Hölderlin unthinkingly (as in some other instances) and that it is therefore without significance. Beissner therefore regards *Mit Ruhe* as part of Empedokles' speech. It seems more probable that the full-stop is comparable with that which appears in the MS. after *Mit Liebe* (Emp. I 1829), and that the words are therefore to be taken (with Zinkernagel) as a stage-direction. The falling (trochaic) rhythm of the line is comparable with that of v. 712.

533 a The last two scenes of the Second Version correspond to the two fragmentary scenes (omitted in the present edition) which in the First Version follow Empedokles' soliloquy vv. 1892–1924. In the Stuttgart Edition these scenes of the Second Version appear under the heading 'Der Schluß des zweiten Aktes (Zweiter Fassung)'. But the Second Version was planned as a five-act tragedy (unlike the First Version, which was almost certainly intended to have only three acts), and as the action is

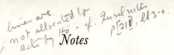

obviously nearing its close in these scenes, we must think of them as constituting the end of the fourth act or (less probably) the beginning of the fifth act.

697 Such heroes as Heracles, who by his own will was burned to death on a pyre on Mount Oeta (Sophocles, *Trachiniae* 1191 ff.).

724 Immediately after v. 724 there occur in the MS. the cancelled but often quoted lines (spoken by Pausanias):

> 'Groß ist die Gottheit
> Und der Geopferte groß!'

DER TOD DES EMPEDOKLES, DRITTE FASSUNG

24 This looks like a baroque variation of *vogelfrei*, 'outlawed'. It is only in this sense that his hostile brother would declare him *frei*. *Fittiche des Himmels* is used for *Vögel* also in *Der blinde Sänger* 17 f.

158 Cf. Pindar, *Pythian Odes* II 72: γένοι' οῖος ἐσσί ('become such as you are', i.e. be true to your own deepest nature. In Hölderlin's translation: 'Werde, welcher du bist').

169 *dringen* is no longer used reflexively, except in the phrase *sich gedrungen fühlen*. In its reflexive and transitive uses it has been replaced by *drängen*.

236 Pindar, *Pythian Odes* I 13 ff., tells how Typhon, 'the enemy of the gods'—a terrible monster with a hundred heads—lies buried beneath Mount Etna and sends up fountains of fire there (similarly Aeschylus, *Prometheus Vinctus* 351 ff.). The Giant Enceladus was also said to be buried under Mount Etna (Virgil, *Aeneid* III 577 ff.). The Giants could easily be identified with the Titans, who had likewise made war on the gods and who were consequently imprisoned far below the earth in the depths of Tartarus (Hesiod, *Theogonia* 713 ff.).

242 f. Beissner compares v. 374. Cf. also *Brot und Wein* 143 (referring to Bacchus): 'Ja! sie sagen mit Recht, er söhne den Tag mit der Nacht aus.'

253 Probably replying to Pausanias' 'Sei, der du bist', v. 158.

256 f. *tönen . . . schwinden:* Subjunctives: 'Then let them resound and vanish together!' (your tone and mine).

316 ff. Diogenes Laertius (VIII 54) records a report of Timaeus that Empedocles was a pupil of Pythagoras and that, like

Plato, he had been refused further instruction for having stolen the doctrines or discourses of the master. Pythagoras founded his school or brotherhood at Croton, but it soon spread to other Greek cities in southern Italy including Tarentum. As Beissner suggests, the reference to Plato in Diogenes' sentence may be responsible for Hölderlin's anachronistic fancy of a friendship between Plato and Empedocles.

325 Cf. Emp. I 1712 f. Pigenot (p. 51) and R. Rüppel (p. 81) suggest that the reference to Egypt may be intended to motivate the appearance of Manes.

326 f. Cf. Emp. I 1828 and note. Beissner remarks (StA 4, 367):

> 'Eine Metapher von höchster Deutsamkeit. *Uraniens* Wirken
> . . . im großen Wechsel der Zeiten wird hier verglichen mit
> einem *Saitenspiel*, worin der einzelne und sein Schicksal nur
> ein schnell verklingender Ton ist (vgl. Emp. III 256), das als
> Ganzes aber einem hohen *gesetzlichen Kalkul* (Bd. 5 S. 195)
> unterworfen ist wie nach Hölderlins Auffassung auch die
> wirkliche Dichtkunst, die dem strengen Gesetz Gestalt ver-
> leiht im Wechsel der Töne.'

329 I. M. Ruppel (p. 47, note 5) thinks this reminiscent of the Orphic doctrine of metempsychosis as we find it expressed in the fragments of Empedocles' *Purifications* (Diels B 117, 119, 127, 129 &c.). Hölderlin was also familiar with Herder's discussion of the subject in *Über die Seelenwandrung* (*Zerstreute Blätter*, Erste Sammlung, 1785).

348 I. M. Ruppel refers to Plato's *Timaeus* (22 b), where the old Egyptian priest says: 'O Solon, Solon, you Greeks are always children.'

375 ff. An impressive description of the historical crisis which the world—ostensibly the world of Empedocles, implicitly the modern world—is passing through.

378 '*Der Herr der Zeit* des Aetnafragments ist sogar dem Tag-Nacht Rhythmus von "Tod I" gegenüber etwas Neues. Die Zeit ist hier schlechthin das Schicksal' (Gisela Wagner, p. 118). Cf. v. 466.

383 f. Cf. *Wie wenn am Feiertage* . . . 56 ff.

471 *wie du sagst:* Cf. v. 336 ff.

492 ff. The only instance of stichomythia in any of the three versions —another indication of the more strictly classical character of the Third Version.

507 The MS. also contains what appears to be the fragmentary sketch of a chorus, beginning *Neue Welt* . . . Hölderlin apparently planned to let each of the first three acts of the Third Version end with a chorus (StA 4, 167); yet there is no *Chor der Agrigentiner* on the scene, and it is difficult to see how the Agrigentines could have been introduced immediately before the conclusion of the act.